성장을 이끄는 팀장들

성장을 이끄는 팀장들

최고의 리더는 어떻게
팀의 성과를 끌어올리는가

대니얼 골먼, 린다 힐 외 지음
신예용 옮김

성장의 머렌텀 시리즈

2

FOR NEW
MANAGERS

세종

일러두기

1. 이 책은 〈하버드 비즈니스 리뷰〉에서 반드시 읽어야 하는 아티클만을 골라 뽑은 것입니다.

2. 신문 및 잡지 등 매체는 〈 〉, 단행본은 《 》로 표기했으며, 단행본은 원서의 제목을 병기하고 출판사와 출간한 연도를 함께 표시했습니다. 여러 번 개정된 도서는 최신 개정 제목에 따랐으며, 국내에 출간되지 않은 도서는 출간연도를 표시했습니다.

3. 인명은 국립국어원의 표기 원칙에 따랐으며, 이미 통용되는 표기가 있을 경우 그에 따랐습니다.

4. 저자의 상세한 이력은 각 아티클의 끝에서 확인하실 수 있습니다.

팀을 이끄는 관리자를 위하여

팀장으로서 다른 사람을 이끌며 팀의 성과를 올리고 싶은 사람, 부하직원을 존중하면서 일을 분배하는 방식을 고민하는 사람, 상사와 원활히 소통하며 프로젝트를 이끌어가는 방법을 찾는 사람, 처음으로 팀장 직책을 맡아 어디서부터 일을 시작해야 할지 고민하는 사람들에게 이 책을 바칩니다.

차례

팀장이 빠지기 쉬운
함정에 주의하라

린다 힐

재능이 아무리 뛰어난 사람이라도 리더가 되려면 고된 여정을 거쳐야 한다. 물론 그 과정에서 보람을 느낄 수도 있겠지만, 지속적으로 새로운 지식을 습득하고 자기계발을 위해 힘써야 한다. 하지만 리더가 되는 여정의 첫 단계는 매우 당연해 보여서 무심코 지나치는 경우가 많다. 바로 처음으로 팀장 직책을 맡는 것이다. 안타깝게도 이 통과의례에 따르는 시련은 개인과 조직 모두에 심각한 영향을 미친다.

기업의 임원 혹은 중진이라면 누구나 처음으로 팀장을 맡아본 경험이 있다. 이때를 회상하며 자신의 리더십 철학과 스타일의 토대를 마련한 혁신적인 경험이었다고들 평가하곤 한다. 하지만 이때 단추를 잘못 꿰면 커리어 전반에 걸쳐 지속적으로 같은 문제에 시달릴 수도 있다. 이는 개인의 경력 문제에서 끝나지 않는다. 개인적 성과와 자질을 인정받아서 승진한 사람이 새로 맡은 직책에 성공적으로 적응하지 못하면 조직 역시도 상당한 인적·재정적 비용을 치르게 된다.

업무 전환이 얼마나 힘든 일인지 생각하면 이제 갓 팀장이 된 사람이 새 직책에 적응하지 못하는 것도 놀랍지 않다. 직속 상사나 임원에게 처음 팀장이 되었을 때 어땠는지 물어보라. 솔직한 사람이라면 어떻게 해야 할지 몰라 무척 혼란스러웠다고 대답할 것이다. 새로운 역할은 그 이전의 기대와 전혀 달랐을 것이고, 한 사람이 감당하기에는 지나치게 힘든 일이라고 여겼을 것이다. 그리고 맡은 일의 규모가 어떻든 팀장의 일이 리더십 능력과는 조금도 상관이 없다고 생각했을 것이다.

한 증권사의 신임 지점장은 이렇게 말한다.

"통제할 수 없는 상태에서 상사가 되는 게 얼마나 힘든지 아세요? 말로 표현하기 어려울 정도예요. 첫아이가 태어났을 때와 비슷한 것 같아요. 하루 전까지 아이가 없었는데, 출산일이 되면 갑자기 엄마나 아빠가 되어 아이를 돌보는 데 필요한 모든 걸 알아야 하잖아요. 정말 당황스럽죠."

첫 번째로 맞닥뜨리는 리더십 시험이라는 중요성과 그 난이도를 감안할 때, 새로 팀장이 된 사람들이 현실에 그 누구도 진지하게 관심을 보이지 않는다는 사실이 놀랍다. 뛰어난 리더의 성공을 다룬 책은 즐비하지만 리더십을 배우는 과정의 어려움, 특히 처음 팀장이 되어 겪는 어려움을 다룬 책은 많지 않다.

지난 15년여 동안 평사원에서 팀장으로 승진한 사람들을 연구해오며 특히 스타급 성과를 내던 직원들이 팀장으로 승진했을 때 어떤 결과를 내는지 살펴봤다. 새로 팀장이 된 사람들이 왜 경영을 배워야 하는지 그 이유를 찾기 위해서였다. 처음에는 이제 갓 팀장이 된 사람 19명을 1년 동안 따라다니며 그들의 주관적 경험을 관찰했다. 그러자 다음과 같은 질문이 떠올랐다. 새로 팀장이 되면 어떤 점이 가장 어려울까? 팀장이 되어서 반드시 배워야 하는 일은 무엇일까? 그 일을 어떻게 배워야 할까? 팀장으로의 업무 전환에 익숙해지기 위해 무엇이 필요할까?

1992년에 출간한《관리자가 되는 법Becoming a Manager》초판에서 초기 연구 결과를 발표한 이후로도 이제 막 상사로 승진한 사람이 겪는 개인적 변화를 계속 연구해왔다. 다양한 기능 및 산업 분야에서 새로 팀장이 된 사례를 연구하고 기업과 비영리 조직의 신임 팀장을 대상으로 한 리더십 프로그램을 설계해왔다. 새로 팀장이 된 사람들은 팀장으로의 승진에 따르는 전환 과정이 점점 힘들어진다고 설명했다. 서로 다른 부서가 하나의 제품과 서비스를 제공하기 위해 협력해야 하는데다, 비용 절감을 위해 공급업체와 고객, 경쟁사와 전략적 제휴를 맺는 등 업무 과정이 점점 역동적으로 변해가고 있기 때문이다.

처음 팀장이 된 사람들이 겪는 어려움은 일반적인 현상이다. 조직이나 이들에게 결함이 있기 때문이 아니라, 적응 과정에 따르는 평범한 문제다. 이제 갓 팀장이 된 사람 대부분은 이 전환기를 보내면서 새로운 역할에 적응해낸다. 하지만 이 전환기의 충격이 덜하다면 새로 팀장이 된 사람들이 방황하는 일 없이 더 효율적으로 업무를 수행할 수 있지 않을까?

새로운 팀장들이 첫 번째 리더십 관문을 제대로 통과하려면 새로 맡은 역할의 본질적인 특성, 즉 책임자가 된다는 것의 의미를 먼저 이해해야 한다. 많은 이들이 스스로를 팀장이자 리더라고 생각하며, 리더십에 관해서도 그럴듯하게 설명한다. 리더십의 무게도 절감하고 있을 것이다. 그러나 문제는, 누구도 제대로 감을 잡지 못한다는 데 있다.

팀을 관리하는 법은 왜 배우기 어려울까?

새로 팀장이 된 사람이 가장 먼저 직면하는 문제는 말 그대로 팀장 역할이 예상보다 훨씬 더 까다롭다는 점이다. 개인 기여자로서 성공하는 데 필요한 기술 및 방법과 팀장으로서 성공하는 데 필요한 기술은 완전히 다르다. 대부분은 현재의 역량과 새로운 직책에서 요구하는 사항 사이에 큰 차이를 느낀다.

팀장이 되기 전까지 업무의 성공은 주로 개인적 전문성과 행동에 달려 있기 마련이다. 그러나 팀장 직책에 오르면 그룹 전체의 의제를 설정하고 실행할 책임이 있는데, 개인적인 성과를 거두는 데만 익숙한 사람은 커리어를 쌓는 동안 이런 지식을 배울 기회가 없다.

증권사의 신임 지점장 마이클 존스의 경우를 예로 들어보자 (이 책에 인용된 개개인의 신원은 공개하지 않기로 한다). 마이클은 13년 동안 브로커로 일했으며, 담당 지역에서 적극적이고 혁신적인 전문가라고 평가받았다. 그의 회사는 개인적 역량과 성과에 기반해 승진시키기 때문에, 그가 지점장으로 승진했을 때 아무도 놀라지 않았다. 마이클은 지점장으로서 성과를 내기 위해 무엇이 필요한지 자신이 잘 알고 있다고 확신했다.

실제로 그는 자신에게 지점장이 되어 문제를 해결하고 지점의 상황을 개선할 의지와 능력이 있다고 수차례 언급했다. 그러나 새로운 역할을 맡은 지 한 달 만에 그는 극심한 공황 상태에 빠졌다. 자기 아이디어를 실행하기가 생각보다 어려웠기 때문이다. 마이클은 자신이 안전 지대에서 벗어났으며, 이제는 돌이킬 수 없다는 사실을 깨달았다.

마이클과 같은 반응은 새로 팀장이 된 사람들에게서 흔히 나타난다. 리더십은 강의실에서 가르칠 수 있는 것이 아니라, 직접 행동을 통해 배워야 한다. 특히 이제 막 팀장으로 승진했다면 현장에서 시행착오를 겪으면서 습득해야 한다. 개인적 성과로 주목받던 사람은 대부분 실수를 많이 해보지 않았기 때문에 이에 익숙하지 않다. 게다가 실수를 저지르는 순간 자신이 배우는 과정에 있다는 사실을 인지하는 사람은 거의 없다.

이 과정이 진행될수록 신임 팀장은 경력 초기에 개인 플레이어로서 배운 사고방식과 습관을 버리고 새로운 직업적 정체성을 갖추게 된다. 새로운 사고방식과 존재 방식을 내면화하고 성공을 측정하며 업무에서 만족을 얻는 방법을 새롭게 발견한다. 이런 심리적 적응은 어렵고 힘든 과정이다. 어떤 신임 팀장은 "승진이 이렇게 고통스러울 줄 전혀 몰랐습니다"라고 말하기도 한다.

고통스럽고 스트레스도 심하다. 신임 팀장은 두 가지 질문에 대해 고민할 수밖에 없다. '내가 관리직을 좋아할 수 있을까?'와 '과연 내가 관리를 잘할 수 있을까?'이다. 물론 답은 금방 나오지는 않는다. 이 질문에는 오로지 경험을 통해서만 대답할 수 있다. 그리고 여기에는 종종 훨씬 더 불안한 질문이 뒤따른다. '나는 어떤 사람이 되어가고 있을까?'

팀장 역할이 어렵기는 하지만, 그렇다고 암울하기만 한 것은 아니다. 연구에 따르면 팀장으로의 전환이 필요 이상으로 어렵게 느껴지는 이유는 신임 팀장이 자기 역할을 오해하기 때문인 경우가 많다. 팀장이 되는 과정에 대한 이해가 부족하고 불완전하기 때문에 잘못된 기대치가 발생하고, 저마다 팀장 생활에 적응하느라 좌충우돌한다.

다음과 같은 잘못된 생각을 바로잡으면 새로 팀장 직책을 맡아 성공할 가능성이 훨씬 커진다. 이 가운데 일부는 거의 보편적으로 받아들여져 신화가 되었을 정도다. 오해와 현실을 비교해보면서 팀장의 진정한 역할이 무엇인지 알아보자.

오해 1: 권위에 대한 근거 없는 믿음

자신의 역할에 대해 설명해달라고 요청하면, 새로 팀장이 된 이들은 대체로 팀장이라는 자리에 따르는 권한과 특권에 초점을 맞춘다. 팀장이 되면 더 많은 권한이 주어지고, 그에 따라 조직을 위해 일할 수 있는 더 큰 자유와 자율성이 생길 것이라고 여긴다. 한 팀장의 말을 빌리면, 더 이상 "다른 사람들의 불합리한 요구 때문에 부담을 느끼지" 않게 된다.

하지만 이런 생각을 지닌 신임 팀장은 곧 가혹한 현실에 직면

신임 팀장이 새 직책에 적응하지 못하는 이유

신임 팀장은 아무래도 새로운 역할을 제대로 수행하지 못할 때가 많다. 상사가 된다는 것이 어떤 의미인지 오해하거나 그에 대한 근거 없는 믿음을 품은 채 역할을 맡기 때문이다. 이 단순하고 불완전한 통념 때문에 신임 팀장은 리더십의 핵심적 역할을 소홀히 하게 된다.

	근거 없는 믿음	현실
새로운 역할의 특징 정의	권위 "이제 내 아이디어를 실행할 자유가 생길 것이다."	상호 의존 "내 밑에서 일하는 사람이 나를 해고할 수도 있다는 사실에 겸손해진다."
힘의 원천	공식적인 권한 "마침내 사다리의 꼭대기에 오를 것이다."	그 밖의 모든 것 "사람들은 경계심이 많으며, 관리자라면 그들에게 실제로 인정받아야 한다."
원하는 결과	통제 "부하직원들이 규정을 준수하도록 해야 한다."	헌신 "규정을 준수한다고 헌신하는 것은 아니다."
관리상 초점	일대일 관리 "내 역할은 부하직원 개개인과 관계를 구축하는 것이다."	팀 이끌기 "그룹에서 팀원들이 잠재력을 발휘하는 문화를 조성해야 한다."
주요 과제	업무 순서에 따른 운영 유지 "내 임무는 반드시 업무가 원활하게 진행되도록 하는 것이다."	성과를 높이는 변화 주도 "나에게는 그룹의 성과를 증진하기 위해 변화를 주도할 책임이 있다."

한다. 팀장은 새로운 권한을 얻지만 동시에 많은 이들과 상호 의존적인 관계에 얽매인다. 특히 독보적 성과를 내며 독립적으로 일하던 이들은 자유로움을 느끼기보다 제약을 받는다고 느낀다. 팀장들은 부하직원뿐만 아니라 상사와 동료, 조직 안팎 사람들과의 관계망에 얽매여 있는데, 이들은 끊임없이 상충하는 요구를 하기 일쑤다. 그 결과 팀장은 압박에 시달리고 업무 또한 파편화된다. 한 신임 팀장은 이렇게 말한다.

"아무것도 통제할 수가 없어요. 제가 통제할 수 있는 유일한 시간은 제 사무실의 문을 닫을 때뿐이에요. 그런데 문을 닫고 나면 제가 해야 하는 일, 즉 사람들과 함께하는 일을 제대로 하지 못하고 있다는 느낌이 들어요."

또 다른 신임 팀장은 이렇게 언급한다.

"제 밑에서 일하는 사람이 저를 해고할 수도 있다는 사실에 겸허해지더군요."

문제는 팀장의 공식적인 권한 아래 속하지 않는 사람들, 즉 외부 거래처나 다른 부서의 팀장이다. 새로 팀장을 맡은 이들은 이러한 외부적 관계에서 애를 먹고 때로는 비참함까지 느낀다.

한 화학 회사의 유망주였던 샐리 맥도널드는 큰 희망을 안고 제품 개발 직책에 올랐다. 개인적으로 뛰어난 성과를 낸 샐리는 자격 요건에서 나무랄 데가 없었으며, 회사 문화를 깊이 이해하고 리더십 개발 과정에서 얻은 지혜도 풍부했다. 하지만 팀장으로 승진하고 3주 뒤 샐리는 쓸쓸하게 이야기했다.

"팀장이 된다고 해서 상사가 되는 게 아니더라고요. 오히려 인질이 되죠. 이 조직에는 저를 해하려는 테러리스트가 많아요."

상호 의존적 관계가 중요한 현실에서는 권위에 대한 근거 없는 믿음을 포기해야 리더십을 효과적으로 발휘할 수 있다. 그러기 위해서는 팀의 관리는 물론 팀을 운영하는 맥락까지 관리해야 한다. 팀의 핵심 인력을 파악하고 그들과 효과적인 관계를 구축하지 않으면 업무 수행에 필요한 자원이 부족해진다.

이런 관계의 중요성을 인식하더라도 신임 팀장은 이를 무시하거나 소홀히 하고 가장 가까이 있는 사람들, 즉 부하직원들을 이끌어야 한다는 더 긴박한 과제에 집중하는 경우가 많다. 그리고 부하직원과의 관리에서 더 나아가 결국 외부 사람들과의 네트워크를 구축하기 시작하면 번번이 그들의 요구에 압도당하는 느낌을 받는다. 게다가 위계질서 맨 아래에 있는 신임 팀장은 상대적으로 약자 입장에서 협상하는 고충을 겪는 경우가 많기 때문에 그 과정에서 보람이나 재미를 느끼지도 못한다.

그러나 상호 의존을 관리해서 얻는 이득은 매우 크다. 한 가지 예로, 위노나 핀치는 미국의 대형 미디어 회사의 사업개발 부서에서 일하던 중 회사에서 간행하는 청소년 잡지의 라틴아메리카판 출시를 기획했다. 이 프로젝트가 잠정적으로 승인받자 핀치는 자신이 프로젝트를 관리하겠다고 나섰다. 그러나 핀치의 팀은 여러 가지 장애물에 맞닥뜨렸다. 최고 경영진은 국제적인 프로젝트를 선호하지 않았고, 핀치는 최종 자금을 확보하기 전에 라틴아메리카 시장의 20퍼센트를 차지하는 지역 유통업체와 계약을 체결해야 했다. 하지만 검증되지 않은 잡지가 가판대의 한 자리를 새로 차지하기는 쉽지 않았다. 비용을 줄이기 위해 핀치의 모험적 사업은 회사의 주력 여성 잡지 스페인어판 판매사원들에게 의존해야 했다. 이들은 전혀 다른 유형의 제품을 판매하는 데 익숙했다.

핀치는 2년 전 팀장 대행 업무를 한 적이 있어 새로운 벤처기업을 설립하는 과정에서 자잘하게 처리해야 할 일이 아무리 많아도 상사 및 동료들과의 관계를 관리하는 데 시간과 주의를 기울일 필요가 있음을 잘 알았다. 따라서 그는 격주로 부서장들이 쓴 기록을 종합해 본사 임원들에게 배포했다. 또한 여성 잡지사와의 소통을 강화하기 위해 10대 및 여성 중심 매체의 전 세계 최고 경영진이 지역 전략을 논의할 수 있는 정기 라틴아메리카 이사회 회의를 시작했다.

이와 같은 경험이 있는데도 핀치는 신임 팀장이 맞닥뜨리는 전형적인 스트레스를 겪었다. 그는 이렇게 설명한다.

"1년 365일 내내 기말고사를 치르는 기분이었어요."

그렇지만 결국 새 판본은 예정대로 출시되었으며 판매 예상치를 초과 달성했다.

오해 2: 권한은 팀장의 위치에서 나온다

오해하지 말기 바란다. 서로를 제약하는 상호 의존적 관계에 있을지라도 신임 팀장은 어느 정도 권한을 행사한다. 그런데 팀장 대부분은 자신의 권력이 계층 구조에서 부하직원보다 상대적으로 높은 위치인 팀장이라는 자리에서 비롯된다고 오해한다. 팀장의 위치에서 나오는 권한이란 곧 공식적인 권한이라고 말이다.

이런 오해를 바탕으로 많은 팀장들이 직접적이고 권위적인 접근 방식을 택한다. 새로 얻은 권력을 부하직원들에게 행사하고 싶어서가 아니라, 이 방식이 성과를 내는 데 가장 효과적이라고 생각하기 때문이다.

그러나 부하직원에게 무언가 지시해도 직원이 그에 따르는 일은 많지 않다. 실제로 부하직원이 유능할수록 팀장의 지시를 묵묵히 따를 가능성이 더 낮다. 심지어 이제 막 팀장이 된 사람들 중 일부는 자신들 역시 압박에 시달릴 때는 상사의 말을 귀 기울여 듣지 않았다고 인정했다.

여러 번의 고통스러운 경험 끝에, 신임 팀장들은 자신에게 주어진 권력의 원천이 공식적인 권한 '밖의 모든 것'이라는 불안한 깨달음을 얻는다. 다시 말해 팀장은 부하직원, 동료, 상사와 신뢰를 구축할 때만 권위가 생긴다. 한 팀장은 다음과 같이 회상한다.

"제가 제 부하직원들에게 아무런 영향도 미치지 못한다는 사실을 깨닫는 데 대략 3개월이나 걸렸어요. 그동안 내내 혼잣말을 하는 것 같았죠."

새로 팀장이 된 사람들은 사람들의 존경과 신뢰를 얻기가 어렵다는 사실을 아주 나중에서야 깨닫는다. 자신의 전문성과 실적이 자신을 대변하지 못한다는 사실에 충격을 받고 모욕감에 사로잡히기도 한다. 연구에 따르면 다른 사람으로부터 신뢰를 얻게 해주는 자질이 무엇인지 잘 모르는 팀장도 많다.

팀장으로서 신뢰를 얻고 싶다면 자신의 품성, 즉 옳은 일을 하려는 의도를 보여줘야 한다. 이는 새로운 상사를 파악하기 위해 상사의 모든 발언과 비언어적 제스처를 분석하곤 하는 부하직원들에게 특히 중요하다. 물론 주위로부터의 면밀한 관찰은 팀장을 불안하게 만들기도 한다. 한 신임 관리자는 이렇게 말한다.

"저는 제가 좋은 사람이라는 걸 알고 있었고, 사람들이 저를 있는 그대로 받아들일 거라고 여겼어요. 하지만 사람들은 경계심이 많았어요. 팀장이라면 실제로 인정받아야죠."

팀장은 자신이 일을 제대로 하는 방법을 안다는 사실을 입증해야 한다. 이 과정은 꽤 골치 아프다. 초반에 자신이 성과를 내면서 쌓아온 성공의 토대였던 기술적 지식과 능력을 증명해야 한다고 느끼기 때문이다. 그러나 기술적 역량을 입증하는 것이 부하직원들의 존경을 받는 데는 중요할지 모르지만, 궁극적으로 부하직원들이 원하는 주요 역량 영역은 아니다.

이쯤에서 한 가지 사례를 살펴보자. 피터 아이젠버그는 글로벌 투자은행의 트레이딩 부서 책임자로 있을 때 노련한 선임 트레이더 그룹을 감독했다. 그는 신뢰를 쌓기 위해 직접적인 접근 방식을 시도했다. 트레이더들에게 특정 부문을 청산하거나 다른 트레이딩 전략을 시도해보라고 조언한 것이다. 그러나 트레이더들은 각각의 지시에 대한 근거를 알고 싶다며 반발했고, 결과적으로 상황은 더 불편해졌다. 새로운 상사의 의견에 대답하는 트레이더들의 반응이 날카롭고 퉁명스러워졌다.

그러던 어느 날 아이젠버그는 해외 시장에 대한 지식이 부족하다는 것을 깨닫고 한 선임 트레이더에게 가격 책정과 관련해 간단한 질문을 던졌다. 그 트레이더는 잠시 하던 일을 멈추고 그 문제를 설명한 뒤 퇴근 후에 더 자세히 논의하자고 제안했다. 아이젠버그는 이에 대해 이렇게 평했다.

"제가 말을 멈추고 경청하기 시작하자 데스크에 있는 사람들이 제게 업무에 관해 알려주기 시작했어요. 제 요청에 의문을 제기하는 횟수도 훨씬 줄어들었고요."

자신의 기술적 역량을 과시하려던 신임 팀장의 열의가 상사와 리더로서 신뢰도를 떨어뜨린 것이다. 문제에 뛰어들어 직접 해결하려는 열의가 오히려 그의 관리 능력에 대한 암묵적 의문을 불러일으켰다. 트레이더들의 눈에 그는 쫌생이이자 존경받을 자격이 없는 '통제광'으로 비쳐졌다.

마지막으로, 신임 팀장은 자기 영향력, 즉 무엇이 옳은 일인지 알리고 실행하는 능력을 입증해야 한다. 일례로 어느 신임 팀장의 직속 부하직원은 "무능한 상사 밑에서 일하는 것보다 더 나쁜 일은 없다"라고 말한다. 하지만 이제 갓 팀장이 된 사람은 조직의 '작은 상사'에 불과해 조직 내에서 영향력을 확보하고 행사하기가 특히 어렵다. 한 신임 팀장은 이렇게 말한다.

"승진한다는 걸 알았을 땐 정상에 오른 것 같았어요. 사다리의 꼭대기에 오른 것 같은 기분이었죠. 그런데 그 후 갑자기 다시 바닥에 떨어진 기분이 들었어요. 게다가 이번에는 그 단계가 무엇인지, 어디로 올라가고 있는지도 명확하지 않았죠."

신임 팀장은 이 문제를 해결하려다 다시 한번 영향력의 원천으로 자신의 공식적 권위에 지나치게 의존하는 함정에 빠진다. 새로 팀상 직책을 맡게 되었다면 이러한 함정에 빠지는 대신 팀과 조직 전체에 걸쳐 신뢰와 믿음을 바탕으로 한 번에 한 가닥씩 강력하고 상호 의존적인 관계망을 구축해 영향력을 키워나가야 한다.

오해 3: 직속 부하직원을 완전히 통제해야 한다

대부분의 신임 팀장은 익숙하지 않은 역할에 대한 불안감 때문에 부하직원이 자기에게 순응하기를 간절히 원한다. 초기에 이런 관계를 확립하지 못하면 부하직원이 자신을 함부로 대할까 봐 두려워한다. 따라서 통제력을 확보하기 위해 팀장의 공식적인 권한에 지나치게 의존하는 경우가 많다. 그러나 이미 살펴본 바와 같이 그 효과는 미미할 따름이다.

팀장이 공식적인 권한을 통해서든 시간이 지나면서 얻은 권한을 통해서든 통제력을 어느 정도 확보하더라도, 그것은 거짓된 승리에 지나지 않는다. 규정을 준수한다고 해서 부하직원들이 헌신하는 것도 아니다. 그리고 사람들은 헌신하지 않으면 주도적으로 일하지 않는다.

부하직원이 주도적으로 일하지 않으면 팀장은 업무를 효과적으로 위임할 수 없다. 부하직원은 격변하는 사업 환경에서 지속적인 변화와 개선이 필요하다는 것을 알면서도 이를 무릅쓰는 위험을 감수하려 하지 않을 것이다.

라틴아메리카에서 청소년 잡지의 창간을 주도한 위노나 핀치는 자신이 팀의 전폭적인 지원이 필요한 사업상 도전에 직면했다는 사실을 알고 있었다. 핀치는 개인적인 업무 스타일을 인정받아 이 역할을 맡았다. 그의 상사는 라틴아메리카 시장에 대한 이해와 손익을 관리하는 데 경험이 부족했기에, 핀치가 자신의 부족한 부분을 보완해주기를 바랐다.

핀치는 명쾌한 사고방식으로 유명할 뿐만 아니라 사람들과도 따뜻하고 친근하게 지냈다. 덕분에 이 프로젝트를 진행하는 동안 그는 리더십 철학 및 스타일을 개발하는 데 타고난 능력을 성공적으로 활용했다.

핀치는 팀원들에게서 원하는 것을 얻기 위해 공식적인 권한에 의존하는 대신, 질문하는 문화를 조성해 영향력을 행사했다. 그러자 직원들은 자율성이 있다고 느끼고 헌신적으로 일했으며, 회사의 비전을 완수해야 한다는 책임감도 생겼다. 그의 한 부하 직원은 이렇게 말한다.

"핀치는 소탈하고 재미있는 사람이에요. 하지만 어떤 사안의 핵심을 파악하기 위해 묻고 다시 묻고 또 물어보곤 했죠. 당신이 무언가 말하면 핀치는 당신에게 그 내용을 다시 말해줘요. 이런 방식으로 하면 모두가 무슨 이야기를 하는지 명확히 알게 되죠. 일단 그가 정보를 얻고 당신이 무엇을 하는지 알면 당신은 일관성을 유지해야 해요. 그가 이렇게 말할 테니까요. '나에게 X라고 말해놓고 왜 Y를 하는 거죠? 헷갈리는데요.'"

핀치는 까다롭긴 하지만 사람들에게 자기 방식대로 일하라고 요구하지 않았다. 그의 부하직원들은 목표를 달성하라는 명령을 받은 것이 아니라, 그럴 권한을 부여받았기 때문에 팀의 목표에 헌신했다.

핀치처럼 부하직원들과 권한을 기꺼이 공유할수록 팀장은 더 많은 영향력을 행사하게 된다. 부하직원이 주도적으로 행동하도록 리더십을 발휘하면 팀장에 대한 신뢰가 쌓일 수밖에 없다.

오해 4: 직원 하나하나와 좋은 관계를 맺어야 한다

상호 의존적인 관계를 관리하고 개인적 신뢰에서 비롯된 비공식적인 권한을 행사하려면 처음 팀장이 되었을 때 다양한 사람과 신뢰와 영향력, 상호 기대치를 구축해야 한다. 대인 관계에 신경을 써서 생산적인 관계를 구축하면 이 목표를 어느 정도 달성할 수 있다. 그러나 궁극적으로는 팀의 에너지를 활용하는 방법을 찾아야 한다. 그저 팀원과의 일대일 관계에만 초점을 맞추면 이 과정에 방해가 될 수 있다.

새로 팀장이 된 이들은 대부분 첫해에는 팀을 구축해야 한다는 의무를 인식하지 못하거나, 인식하더라도 제대로 해결하지 못한다. 그러는 한편으로, 인력 관리에서 각 부하직원과 원활한 관계를 맺는 일을 중시해 팀 전체의 관리와 팀원 개개인의 관리를 동일시하는 실수를 저지른다.

이들은 주로 개인의 성과에만 관심을 기울이고 팀 전체의 문화와 성과에는 거의 또는 전혀 신경을 쓰지 않는다. 문제를 파악하고 해결할 때도 좀처럼 그룹 회의를 활용하지 않는다. 신뢰할 만한 소수의 부하직원, 특히 자신을 가장 잘 따르는 것 같은 부하직원과 지나치게 긴 시간을 보내는 팀장도 있다. 신임 팀장은 팀 전체에 영향을 미치는 문제인데도 일대일로 처리하는 경향이 있다. 그 때문에 불필요하게 제한적인 정보를 바탕으로 의사결정을 내리고 만다.

그 대표적인 사례를 살펴보자. 로저 콜린스는 텍사스의 한 소프트웨어 회사에 영업 책임자로 부임했다. 그런데 출근한 첫 주에 한 영업사원에게서 방금 생긴 주차 공간을 자신에게 배정해 달라는 요청을 받았다. 그 영업사원은 오랫동안 회사에 근무한 사람이었다. 콜린스는 고참 직원과 좋게 출발하고 싶은 마음에 "물론 좋습니다, 그렇게 하세요"라고 말했다.

그런데 한 시간도 지나지 않아 회사에 큰돈을 벌어다 주는 다른 영업사원이 콜린스의 사무실로 들이닥쳐 회사를 그만두겠다고 협박했다. 콜린스가 배정해준 그늘진 그 주차 공간은 실용적이고 상징적인 이유에서 여러 사람이 탐내는 자리인 데다, 콜린스에게서 주차 공간을 배정받은 그 영업사원은 무능한 사람으로 취급받고 있었다. 스타급 직원은 신임 관리자의 결정을 용납할 수 없다며 따졌다.

콜린스는 사소한 관리상의 문제로 치부했던 사건을 해결하면서(그는 "이건 내가 신경 쓸 일이 아니에요"라고 말했다), 직원 한 명과 관련된 결정 하나하나가 팀에 영향을 미친다는 사실을 깨달았다. 그는 자신에게 보고하는 모든 사람과 좋은 관계를 맺는다면 팀 전체가 원활하게 운영되리라 생각하며 일했다. 하지만 차츰 개개인을 감독하는 일과 팀을 이끄는 일이 다르다는 것을 알게 되었다.

연구를 진행하면서 신임 팀장들이 대부분 부하직원 한 명과 긍정적인 관계를 형성하기 위해 예외를 허용하는 사례를 자주 접했다. 그리고 이들은 그 조치가 팀에 예상치 못한 부정적 결과를 초래해 후회하곤 했다. 혼자서 많은 성과를 이룬 신임 팀장은 특히 이 상황을 이해하기 어려울 수도 있다.

신임 팀장이 일대일 관계에만 집중하면 그룹의 집단적 힘을 활용해 개인의 성과와 헌신을 향상하는 효과적인 리더십의 근본적 측면을 소홀히 하게 된다. 리더는 그룹의 규범과 가치관인 팀 문화를 형성해 팀을 구성하는 다양한 인재의 문제 해결 능력을 끌어낼 수 있어야 한다.

오해 5: 팀장의 일은 업무가 원활히 진행되도록 하는 것이다

경영에 관한 수많은 근거 없는 미신에서처럼, 이 말도 부분적으로는 사실이지만 오해를 불러일으킬 수 있다. 실제 상황의 일부만 담고 있기 때문이다. 업무가 원활하게 진행되기는 매우 어려우며, 팀장은 항상 수없이 많은 일을 동시에 처리해야 한다. 사실 현 상태를 유지하기란 신임 팀장의 모든 시간과 에너지를 쏟아부어도 부족할 만큼 어렵다.

한편, 팀장이 되었다면 그룹의 성과를 드높일 변화를 권장하고 주도할 책임이 있다는 사실도 알아야 한다. 이를 위해 때로 자신의 공식적인 권한 영역 너머에 존재하는 조직의 절차 혹은 구조에 도전해야 하기도 한다. 많은 이들이 이 사실에 크게 당황한다. 하지만 이런 부분을 이해해야만 리더십의 책임에 진지하게 접근하는 법을 배울 수 있다(29쪽 '한 가지 더: 성공을 위한 여건 조성하기' 참조).

사실 대부분의 신임 팀장은 자신을 조직 변화 계획의 대상으로 여기며, 상부의 지시를 자신이 이끄는 팀과 함께 실행한다. 자신이 변화의 주체라고 생각하지 않는 것이다. 위계적 사고와 상사로서의 권한에 집착해 자기 책임을 너무 제한적으로 정의하기 때문이다. 그 결과, 이들은 팀이 목표를 달성하지 못해 좌절할 때 결함이 있는 시스템과 그 시스템에 직접 책임 있는 상사를 탓하는 경향이 있으며, 다른 사람이 문제를 해결해주기를 기다린다.

이는 조직 내 팀장의 역할에 대한 근본적인 오해에서 비롯된 비극이다. 신임 팀장은 팀이 반드시 성공할 수 있도록 자기 책임 영역 안팎에서 변화를 일으켜야 한다. 공식적인 권한이 부족하다는 사실을 애써 무시하고 팀이 운영되는 맥락을 바꾸기 위해 노력해야 한다.

이처럼 폭넓은 시각은 새로운 팀장뿐 아니라 조직에도 도움이 된다. 조직은 자체적으로 활력을 되살리고 부단히 탈바꿈해야 한다. 현상을 유지하는 데 뒤따르는 어려움을 관리하면서 변화를 주도할 수 있는 유능한 리더로 구성된 지도층이 있어야 이런 과제를 해결할 수 있다.

한 가지 더: 성공을 위한 여건 조성하기

이제 갓 팀장이 된 이들은 팀을 원활하게 운영하는 것 이상의 일을 해야 한다는 사실을 뒤늦게 깨닫는다. 장차 팀에서 더 나은 성과가 나오도록 돕는 변화 역시 권장하고 주도해야 한다.

한 통신 회사의 신임 마케팅 팀장 존 델혼은 전임자가 결정적 투자에 실패했다는 사실을 알게 된 후, 마케팅 예산을 늘리기 위해 직속 상사를 여러 차례 설득하려고 애썼다. 팀에서 마케팅 계획을 최적화할 수 있도록 새로운 정보 시스템을 도입하자는 제안도 했다. 그런데도 더 많은 예산을 확보하도록 상사를 설득할 수 없자, 그는 자세를 낮추고 주어진 상황에서 팀의 생산성을 최대한 끌어올리는 변화를 도모하는 데 중점을 두었다.

이 선택은 언뜻 보면 현명해 보였다. 특히 상사가 델혼의 이메일에 답장하는 데 시간이 점점 더 오래 걸리는 등 상사와의 관계가 껄끄러운 시점이었기 때문이다.

하지만 서비스가 특정 목표를 충족하지 못하자 CEO는 능동적으로 대처하지 않았다는 이유로 델혼을 전격 해고했다. CEO는 주요 신흥시장에서 성공하는 데 필요한 자금을 확보해야 하는 상황에서 델혼이 "가만히 앉아 있기만 할 뿐 도움을 요청하지 않았다"라며 질책했다.

충격과 상처를 받은 델혼은 CEO가 무척 불공정하다고 생각했다. 델혼은 회사의 전략 계획 및 예산 책정 절차에 결함이 있는 것은 자기 잘못이 아니라고 주장했다. 이에 대한 CEO의 반응은 다음과 같았다. "자신이 성공할 여건을 조성하는 것은 델혼의 책임이다."

앞에서 설명한 오해를 제대로 인지한다면 상사가 되기 위한 험난한 과정 중에 큰 도움을 얻을 수 있을 것이다. 그러나 팀장이라는 새로운 자리에 수반되는 책임의 다층적 특성을 고려하면 초기에 여러 시행착오와 실수를 거칠 수밖에 없다. 반드시 거쳐야 하는 학습 과정이라고 해도 실수를 저지르면 기분이 상하게 마련이다. 직업적 정체성이 확장되고 재구성되는 과정에서 고통을 느끼기도 할 것이다. 또한 새로운 역할에 필요한 기술을 익히기 위해 고군분투하는 동안 고립감을 느낄 수도 있다.

연구에 따르면 이럴 때 주위에 도움을 요청하는 신임 팀장은 거의 없다. 이는 부분적으로 또 다른 오해에서 기인하는 문제다. 부하직원을 통솔하는 상사라면 응당 모든 답을 알고 있어야 하므로, 도움을 요청하면 '승진상의 실수'를 저지르고 있다는 신호로 보이리라 착각하기 때문이다. 물론 이미 팀장으로서 긴 경력을 쌓아온 이들이라면 누구도 정답을 전부 알지는 못한다는 사실을 안다. 시간이 흐르고 경험이 쌓이면 통찰력이 생긴다. 그리고 수많은 연구 결과에서 볼 수 있듯이, 동료와 상사의 도움을 받으면 이 과정을 더 쉽게 헤쳐나갈 수 있다.

새로 팀장이 된 사람이 쉽게 도움을 청하지 않는 또 다른 이유는, 도움을 요청하면 발전적인 관계를 형성하는 데 위험이 따른다고 여기기 때문이다. 조직 내 동료들에게 자신의 불안이나 실수, 단점 등을 털어놓으면 상대가 그 정보를 자신에게 불리한 쪽으로 사용할 위험이 있다. 상사에게 문제를 이야기할 때도 마찬가지다. 이는 실제하는 위험일 수도 있지만 때로는 상상 속 문제에 불과한 경우도 있다.

업무를 실행하는 사람과 평가자 사이에 내재하는 이 갈등은 아주 오래된 딜레마다. 따라서 이제 막 팀장이 된 사람들은 창의적인 방식으로 자신을 도와줄 이들을 찾아 나서야 한다. 자신이 사는 지역이나 직무의 외부 영역, 혹은 다른 조직에서 도움을 줄 동료를 찾을 수 있다. 상사와의 문제도 완전히 해결하기는 어렵지만 조금씩 줄여나갈 수 있다. 다만 이 과정에서는 이제 막 팀장이 된 당사자뿐만 아니라 팀장과 소통하는 노련한 상사도 알아두어야 할 점이 있다.

신임 팀장이 직속 상사에게 조언을 구하지 않는 이유는 그 상사가 자신의 발전에서 협력자가 된다기보다 위협이 된다고 여기기 때문이다. 실수와 실패로 인해 처벌받을까 봐 두려워 도움이 절실한 상황에서도 요청하지 않는다. 한 신임 팀장은 이렇게 말한다.

"상사와 더 많이 상의해야 한다는 것을 알고 있어요. 그게 상사의 존재 이유이기도 하죠. 경험이 더 많은 상사에게 무슨 일이 있는지 이야기하는 게 의무일지도 몰라요. 아마 꼭 필요한 조언을 해줄 거예요. 하지만 상사에게 솔직하게 털어놓는 게 안전하지는 않죠. 제게는 미지의 존재니까요. 너무 많은 질문을 하면 상사가 저에 대한 신뢰를 잃고 일이 잘 풀리지 않는다고 생각할 수 있거든요. 제가 통제를 잘 못한다고 여길지도 모르죠. 그러면 정말 곤란해질 거예요. 직접 일을 처리하려 할 거고, 제가 하는 일에 대해 수많은 질문을 던지면서 미처 알아차리기도 전에 깊이 관여하려 할 테니까요. 정말 불편한 상황이 되겠죠. 그러니까 상사에게 도움을 청해서는 안 돼요."

이런 두려움이 정당화될 때도 있다. 많은 신임 팀장이 상사와 멘토 관계를 맺은 사실을 후회한다. 한 팀장은 이렇게 말한다.

"순진하거나 어리석어 보이는 질문은 감히 엄두도 못 내죠. 한번은 상사에게 질문했는데, 그분이 저를 이 업계의 유치원생처럼 대하더라고요. 마치 '내가 들어본 것 중에서 가장 멍청한 질문이야. 도대체 무슨 생각을 하는 거지?'라고 생각하는 것 같았어요."

이런 상황에 이르면 신임 팀장과 상사, 그리고 조직 전체가 성장의 기회를 상실하게 된다. 즉, 상사는 신임 팀장이 새로운 위치에 대해 품은 설익은 개념과 오해, 그리고 접근 방식에 제대로 도움을 줄 기회를 잃는다. 신임 팀장은 상사가 가장 잘 제공할 수 있는 재정적 자원부터 고위 경영진의 우선순위에 대한 정보까지 조직의 자산을 활용할 기회를 잃는다.

신임 팀장이 상사와 좋은 관계를 형성할 수 있다면, 신임 팀장이 기대하는 방식이 아닐지라도 세상에 큰 변화를 가져올 수 있다. 연구에 따르면 결국 신임 팀장의 절반가량이 상사에게 도움을 요청하는데, 주로 위기가 닥쳤을 때다. 이때 많은 이들은 상사가 자신의 질문과 실수에 예상보다 더 관대하다는 사실을 알고 안심한다. 한 신임 팀장은 다음과 같이 회상한다.

"제 상사는 제가 아직 배우는 단계에 있다는 걸 인식하고 어떤 식으로든 기꺼이 도와주려 했어요."

때로는 가장 전문적인 멘토도 믿기 어려울 정도로 손 놓고 방치하는 것처럼 보일 수 있다. 한 팀장은 직속 상사로부터 배운 점을 이렇게 설명한다.

"제 상사는 까다롭긴 하지만 사람들이 그냥 곤경에 처하도록 내버려두지 않고 성장시키면서 돕는다는 평판이 있어요. 하지만 첫 60일 동안은 긴가민가했죠. 모든 것이 너무 힘들고 무척 좌절했는데도 도와주겠다는 말을 하지 않으셨거든요. 미치도록 화가 났어요. 제가 질문하면 제 상사도 제게 질문을 했거든요. 아무런 대답도 들을 수 없었죠. 그러다가 상사가 원하는 게 뭔지 깨달았어요. 제가 상황을 어떻게 처리할 것인지 몇 가지 아이디어를 정리해서 이야기하면 상사가 함께 상의해주곤 했어요. 제게 아주 많은 시간을 쏟았죠."

그의 경험에서 신임 팀장들의 상사가 처음으로 관리직을 맡기가 얼마나 어려운지 이해하거나 그저 자기 경험을 떠올리는 것이 얼마나 중요한지 생생하게 알 수 있다.

신임 팀장이 성공하도록 돕는 것은 당사자에게만 도움이 되는 일이 아니다. 신임 팀장의 성공을 보장하는 일은 조직 전체의 성공에도 매우 중요하다.

린다 힐은 하버드 경영대학원 경영학 교수로, HBS 리더십 이니셔티브 의장이다. 조직행동 분야 세계적 석학이며 리더십과 혁신 분야 최고 전문가 중 하나로 꼽힌다. 2015년 경영계의 노벨상이라 불리는 '싱커스 50Thinkers 50'에 선정되었다. 《보스의 탄생Being the Boss》(시드페이퍼, 2012), 《혁신의 설계자Collective Genius》(북스톤, 2016) 등을 집필했다.

신임 팀장이 겪기 쉬운 혼란을 피하는 법

상사에게 처음 팀장으로 승진한 초창기 시절에 관해 물어보면 혼란스럽고 절망스러웠다고 말할 것이다. 린다 힐이 지적했듯이, 대부분의 신임 팀장은 팀을 책임지는 것이 개인적 업무를 잘하는 것과 얼마나 다른지 알지 못한다. 그리고 여러 가지 오해에 시달리느라 이 시기의 통과의례에 뒤따르는 시련에서 실패를 맛본다. 이들이 휘청거리면 개인의 경력이 위태로워질 뿐 아니라 조직도 엄청난 대가를 치른다.

어떻게 하면 이런 상황을 피할 수 있을까? 먼저, 팀장의 임무에 대한 일반적인 오해에 빠지지 않도록 주의해야 한다. 예를 들어, 팀장에게 부하직원에 대한 공식적인 권한이 있다고 해도 부하직원이 팀장의 명령에 반드시 복종하는 것은 아니다. 일을 추진할 더 많은 자유가 생기는 대신, 조직 내에서 상호 의존적인 관계에 따른 제약을 받을 것이다. 자기 업무를 관리할 책임뿐 아니라, 담당 영역 안팎에서 긍정적인 변화를 주도할 책임도 있다.

현실적인 기대치를 파악하면 팀장으로 전환하는 과정에서 살아남아, 조직을 위해 가치 있는 성과를 창출할 가능성이 커질 것이다.

힐은 신임 팀장으로서 성공하려면 통념을 실제 현실로 교체해야 한다고 주장한다.

통념	현실	효과적인 관리 방법	사례
팀장에게는 일을 추진할 수 있는 상당한 권한과 자유가 있다.	팀장은 자신에게 끊임없이 엇갈리는 요구를 하는 사람들과의 관계망에 얽매여 있다.	팀에서 업무를 수행하기 위해 의존하는 그룹 외부 사람들과의 관계를 구축한다.	아시아에서 새로운 벤처 기업 설립 업무를 맡은 미국의 한 미디어 회사 팀장은 두 회사 임원들 간에 정기적인 회의 자리를 마련했다.
팀장의 권한은 회사 내 공식적인 지위에서 비롯된다.	팀장의 권한은 직원과 동료, 상사와의 신뢰 관계를 구축하는 능력에서 비롯된다.	성품(옳은 일을 하고자 하는 마음)과 관리 능력(말하기보다 경청하기), 영향력(다른 사람들이 옳은 일을 하도록 이끌기)을 입증한다.	한 투자은행 책임자는 자신의 기술적 역량을 과시하는 데서 벗어나 직원들에게 지식과 아이디어를 요청하는 방식으로 전환해 그들의 존경을 받았다.
팀장은 직속 부하 직원들을 통제해야 한다.	통제는 헌신과 같지 않다. 그리고 직원들이 항상 명령을 따르지는 않는다.	직원들에게 명령하는 대신 그들이 팀의 목표를 달성할 수 있도록 권한을 부여해 헌신을 이끌어낸다.	한 미디어 회사의 팀장은 직원들에게 그의 방식대로 일하도록 요구하는 대신, 팀의 목표를 명확히 하고 서로 합의한 목표에 대해서는 책임을 져야 한다고 주장했다.

팀장은 팀원 개개인과 관계를 구축해 팀을 안정적으로 이끌어야 한다.	특정 부하직원을 대상으로 한 행동은 다른 직원들의 사기나 성과에 부정적 영향을 미칠 수 있다.	팀의 전반적인 성과에 주의를 기울인다. 문제 해결과 진단을 위해 그룹 기반 포럼을 활용한다. 부하직원을 공평하게 대한다.	고참 영업사원에게 특별 주차 공간을 배정해 다른 영업사원들의 반발을 산 신임 영업 책임자는 직원 개개인과 친해지려 노력하기보다 팀 전체를 이끌기 시작했다.

혼자 일하지 마라

- 상사가 예상보다 당신의 질문과 실수에 관대할 가능성이 크다는 점을 인식하라.
- 상사가 당신을 발전시킬 수 있도록 도와라. 상사에게 문제 해결을 요청하는 대신, 까다로운 상황을 어떻게 처리할 것인지 아이디어를 제시하고 그 아이디어에 대한 상사의 의견을 요청하라.
- 업무 밖이나 다른 조직의 동료로부터 정치적으로 안전한 코칭과 멘토링의 원천을 구하라.

인계받은 팀을
최적의 상태로 재구성하라

마이클 왓킨스

대형 의료기기 회사에서 높은 성장세를 보이는 사업부를 이끌게 된 데이비드 베넷에게는 해결해야 할 문제가 있었다. 이 부서는 지난해 두 개의 신제품을 선보이면서 매출이 증가했지만 고객의 니즈를 충족시키지 못해, 실적이 여전히 기대에 미치지 못하고 있었다. 꽉 막힌 동맥에 스텐트(동맥 혈관의 비어 있는 공간을 벌리는 기구-옮긴이)를 삽입하는 기구와 심장 박동을 안정시키는 전자 임플란트의 성공 여부에 회사의 미래가 달려 있었다.

따라서 장기적 관점에서는 여전히 위험 부담이 컸고, 팀원들의 사기도 좋지 않았다. 기회를 놓쳤다는 이야기와 조직의 어수선한 분위기를 암시하는 소식들이 고위 경영진에게까지 흘러들어갔다.

이러한 요인들 때문에 회사에서는 이 부서의 총괄 부사장을 외부에서 영입하기로 결정했는데, 데이비드가 그들의 조건에 딱 맞았다. 그는 경쟁업체에서 한 부서의 전환을 주도하고 다른 부서의 성장세에 박차를 가하는 등 뛰어난 성과를 거두었기 때문이다.

하지만 새로운 역할을 맡으면서 그는 비교적 평범한 과제에 맞닥뜨렸다. 함께 일할 사람들을 직접 선택할 수 없다는 것이었다. 그 대신에 전임자의 팀, 즉 데이비드가 해결해야 하는 상황을 만들어낸 팀을 그대로 인계받았다.

실제로 새로 임명된 리더는 대부분 기존 팀에 대해 잘 알지도 못하고, 사업의 성장이나 혁신을 위해 새로운 인력을 즉시 투입할 수도 없다. 게다가 인력을 신속하게 교체하는 데 필요한 정치적 권한 또는 자원이 부족하거나, 회사의 문화상 이를 허용하지 않을 때도 있다. 따라서 기존의 팀원들이 미래를 이끌어갈 적임자가 아니라고 하더라도 단기적으로 사업을 운영하는 데는 꼭 필요하다.

이 모든 정황으로 볼 때, 인계받은 팀과 효과적으로 협력할 방법을 찾는 것이 중요하다. 하나를 얻으면 하나를 잃는 이 과정은 마치 비행기를 타고 가면서 수리하는 것이나 마찬가지다. 비행기를 고쳐보겠다고 엔진의 작동을 멈출 수는 없다. 그러면 추락을 면할 수 없기 때문이다. 그러니 앞으로 나아가면서 안정성을 유지해야 한다.

리더가 새로운 팀을 구축하는 데 도움이 되는 도구는 꽤 많다. 그중 가장 유명한 틀은 1965년 브루스 터크먼Bruce Tuckman이 구축한 '형성기, 혼돈기, 규범기, 성취기' 모델이다.

터크먼의 모델을 비롯해 그와 유사한 최근 모델에 따르면 팀은 예측 가능한 발전 단계를 거치며, 리더의 적절한 개입을 통해 발전 속도를 높일 수 있다. 그런데 이런 모델에서는 리더가 처음부터 신중하게 팀원을 선택하고 방향을 설정해 팀을 구축한다고 가정한다.

리더들이 주요 전환기를 무사히 헤쳐나가려면 팀을 인수해서 변화시키기 위한 도구가 따로 필요하다. 이 글에서는 그러한 도구를 제공하고자 한다.

우선, 리더는 자신이 물려받은 인적 자본과 그룹의 역학 관계를 평가해 현재 상태를 명확하게 파악해야 한다. 그런 다음, 팀의 구성원과 목적의식 및 방향성, 운영 모델, 행동 패턴을 새로운 시각으로 바라보며 필요에 따라 팀을 재구성해야 한다. 그리고 마지막으로, 초기 성공 기회를 파악하고 확보하기 위한 계획을 세워 팀의 발전을 앞당기고 성과를 개선해야 한다.

새로운 팀을 이끌 때는 조직의 발전을 추구하기 위해 그 자리에 알맞은 사람들이 올바른 방식으로 제대로 일을 하고 있는지 신속하게 판단해야 한다. 첫날부터 시간과 관심을 쏟아야 하는 사항이 많은 데다 앞으로 할 일이 점점 더 늘어날 것이므로, 효율적으로 팀을 평가하는 것이 핵심이다.

체계를 갖추는 일도 중요하다. 리더는 경력을 쌓는 동안 많은 팀을 물려받고 그 규모를 키우지만, 어떤 인재를 찾아야 할지 신중하게 고민하는 사람은 많지 않다. 그리고 어느 정도 경험이 쌓이면 나름의 직관적인 평가 기준과 방법에 도달하는데, 이것이 팀장 자신에게 익숙한 상황에서는 괜찮지만 그렇지 않을 때는 문제가 될 수 있다. 효과적인 팀원의 특성은 상황에 따라 크게 달라지기 때문이다.

기준을 분명하게 제시하면 더 신속하고 정확하게 평가할 수 있다. 팀이 직면한 특정 과제를 해결하기 위해 팀원은 어떤 자질을 갖춰야 할까? 그룹에서 다양성이나 상호 보완적인 기술은 얼마나 중요할까? 리더십을 통해 팀에 어떤 특성을 더할 수 있을까? 예를 들어, 사람들의 참여도와 집중력은 높일 수 있지만 타고난 신뢰성은 높이지 못할 수도 있다(42쪽 '어떤 자질을 갖춘 인재를 찾고 있는가?' 참조).

어떤 자질을 갖춘 인재를 찾고 있는가?

여느 리더들과 마찬가지로, 당신도 어떤 인재를 찾는지 '직감'적으로
알고 있을 수도 있다. 하지만 상황과 과제에 따라 필요한 감정도 다른
법이다. 이 연습은 팀을 물려받을 때마다 우선순위를 더 잘 이해하고
명확하게 표현하는 데 도움이 될 것이다.

현재 상황과 목표를 고려할 때 아래 각 자질에 얼마나 중점을 둬야 한
다고 생각하는지 백분율로 표시한 뒤 오른쪽 열의 숫자를 모두 더해
100이 되도록 하라.

자질	설명	중요도
역량	업무를 효과적으로 수행하는 기술적 전문 지식과 경험을 보유하고 있다.	
신뢰성	나에게 솔직하며, 약속을 잘 지키는 등 믿을 수 있다.	
에너지	올바른 태도로 업무에 임한다(에너지가 고갈되거나 무기력하지 않다).	
대인 관계 기술	사람들과 잘 어울리고 협업을 지원한다.	
집중력	이리저리 방향을 바꾸는 대신 우선순위를 설정하고 고수한다.	
판단력	특히 부담을 느끼거나 대의를 위해 희생을 감수해야 할 때 현명한 판단력을 발휘한다.	
총합		100%

물론 대략적인 수치일 수 있다. 어떤 팀원(예를 들어, 재무 책임자)에게는
역량이 최우선 순위일 수 있고, 다른 팀원(예를 들어, 마케팅 책임자)에게
는 에너지나 대인관계 기술이 역량 이상으로 중요할 수 있다. 역할의
중요도와 사업 현황도 평가에 영향을 미칠 수 있다.

경영진은 이 연습을 마칠 때 대부분 신뢰성에 가장 큰 비중을 둔다. 신

뢰성을 뛰어난 관리로 강화할 수 있는 특성이 아니라 타고난 성품의 신호로 보기 때문이다. 반면에 팀원들의 집중력과 에너지를 향상시키는 일에는 자신들이 도움을 줄 수 있다고 생각한다. 따라서 처음에 다른 자질보다 신뢰성을 더 강조하는 것도 어찌 보면 당연하다. 현재 가장 중요하게 생각하는 것과 리더십을 통해 영향을 미칠 수 있다고 생각하는 것의 순위는 어떤가? 여러분에게 해당하는 기준이 있거나 해당하지 않는 기준이 있는가?

요구 사항은 부분적으로 사업 현황에 따라 달라진다. 전환 시기에는 상황이 안정될 때까지 기술 개발에 집중할 시간이 없으므로 이미 업무에 적응한 사람을 찾게 된다. 그러나 팀이 이미 성공해서 궤도에 올라 이를 유지하려는 경우에는 잠재력이 높은 인재를 개발하는 것이 합리적이며, 그렇게 할 만한 시간도 더 많을 것이다.

팀원들의 역할이 목표를 달성하는 데 얼마나 필수적인가에 따라 팀원들에 대한 기대치도 달라진다. 중요한 위치에 있는 사람들은 더 긴급하고 높은 기준으로 평가될 것이다. 데이비드 베넷에게는 두 명의 영업 리더가 있었다. 그 둘이 맡은 두 그룹이 신제품에 대한 심장 전문의들의 인지도를 높여야 했기 때문에, 두 영업 리더 모두 매우 중요한 사람으로 평가되었다. 그들이 즉시 심장 의학계 오피니언 리더들(어떤 그룹에서 생각을 이끌고 여론을 주도하는 사람-옮긴이)에게 제품의 장점을 효과적으로 알려야 했다. HR 책임자 역시 핵심적 역할을 맡고 있었다. 영업 및 마케팅 부문에 중간급 인재가 부족하다는 심각한 문제를 조속히 해결해야 했기 때문이다. 그러나 커뮤니케이션 책임자는 그다지 우선순위가 높지 않았다. 그의 업무 및 동료들과의 대화를 검토한 결과 그가 더 적극적으로 행동해야 한다는 점이 드러났지만, 데이비드는 당분간 그를 그 자리에 두기로 했다.

고려해야 할 또 다른 요소는 팀원들이 팀으로서 활동하도록 해야 하는가, 각각의 팀원에게 어떤 업무를 맡겨야 하는가 하는 점이다. 사람들이 협업을 많이 해야 하는지, 아니면 대부분 독립적으로 업무를 수행해도 괜찮은지 자문해보자. 이 질문에 대한 답에 따라서 팀워크를 키우는 일이 얼마나 중요한지 결정된다.

세금과 현금 관리, M&A 분석 책임자 등 일반적으로 기업 재무 담당자에게 보고하는 사람들을 생각해보자. 이들은 각자 부서를 독립적이고 효과적으로 운영하면서 팀 차원에서도 뛰어난 성과를 내도록 노력해야 한다. 비전을 만들고 공통의 성과 목표 및 지표를 설정하는 것과 같은 전형적인 활동을 통해 팀을 바꾸려 한다면 모든 팀원이 힘들어할 것이다. 이 그룹에는 협업 작업이 거의 필요하지 않기 때문이다.

이런 상황에서는 함께 일하는 능력보다 개인의 성과에 더 초점을 맞춰 평가와 관리를 해야 한다. 하지만 데이비드의 팀은 상호의존성이 높은 기능 부문 리더들로 구성되어 있었다. 예를 들어, 데이비드는 영업과 마케팅, 커뮤니케이션 담당 부사장과 함께 두 제품의 시장 진출 전략을 수정하고 실행하기 위해 긴밀히 협력해야 했다. 그래서 그는 이들의 관계 및 협업 능력을 측정하기로 했다.

효과적인 평가를 실시하기 위해 일대일 회의와 팀 회의를 병행하고, 고객과 공급업체, 팀 외부 동료 등 주요 이해관계자의 의견으로 부족한 부분을 보완할 수 있다(46쪽 '일대일 인재 평가' 참조). 팀원의 개별 실적과 성과 평가도 살펴봐야 한다. 데이비드는 이런 평가를 통해 즉각적인 위험 신호는 드러나지 않았지만, 팀의 성과가 저조하다는 사실을 알았다. 회의를 진행하면서 그 이유와 해결 방법을 파악할 수 있었다.

이내 두 가지 중요한 인사상의 문제가 드러났다. 첫 번째는 외과 영업 담당 부사장 칼로스와 관련된 문제였다. 칼로스는 회사에서 가장 오래 근무했고, CEO와도 긴밀한 관계를 유지하는 듯했다. 하지만 새로운 외과용 제품에 대한 실적이 부진했다. 무엇보다 동료와 직속 부하직원들은 칼로스가 사기를 떨어뜨리고 다른 팀원들과의 협업이 부족하다는 점을 지적하며 그의 마이크로 매니징(상사가 부하의 업무를 지나치게 감독하는 것-옮긴이)을 문제로 꼽았다. 예를 들어, 그는 중재적인 영업 그룹과 마케팅 담당자에게 유용할 수 있는 정보를 쌓아두었는데, 이런 태도는 팀 역학 관계에 피해를 주었다.

일대일 인재 평가

초기에는 일대일 미팅이 새로운 팀의 구성원들을 평가하는 데 유용한 도구다. 스타일에 따라 회의는 비공식적인 토론, 공식적인 검토, 또는 이 두 가지를 결합한 형식이 될 수 있지만, 표준적인 방식으로 접근해야 한다.

준비하기

활용 가능한 인사 기록과 성과 데이터, 평가 자료를 검토한다. 팀원이 팀과 자신의 부서 또는 그룹에서 어떤 역할을 하는지 평가하기 위해 각 팀원의 기술을 숙지한다. 팀원들이 소통하는 방식을 관찰한다. 관계가 따뜻하고 생산적인 것처럼 보이는가? 딱딱하고 경쟁적인 분위기인가? 전체 팀과 개별 팀원을 평가하는 데 회의를 활용할 거라고 모든 사람에게 설명한다.

인터뷰 양식 만들기

사람들에게 같은 질문을 던지고 각자 통찰력이 어떻게 다른지 살펴본다. 예를 들어 다음과 같이 질문한다. 기존 전략의 강점과 약점은 무엇인가? 단기적으로 가장 큰 도전과 기회는 무엇인가? 중기적으로는 어떤가? 어떤 자원을 더 효과적으로 활용할 수 있는가? 팀이 협업하는 방식을 어떻게 개선할 수 있는가? 당신이 내 입장이 된다면 우선순위는 무엇인가?

언어적·비언어적 단서 찾기

사람들이 말하는 것과 말하지 않는 것에 주목한다. 그들이 자발적으로 정보를 제공하는가, 아니면 당신이 정보를 끌어내야 하는가? 문제가 생겼을 때 책임을 지는가, 변명하는가? 아니면 다른 사람을 탓하는가? 사람들의 말과 행동에 모순이 있는지도 살펴본다. 이런 모순은 관리에 거짓이나 불신이 있다는 신호일 수 있으므로, 어느 쪽이든 문제를 해결해야 한다. 강한 감정을 불러일으키는 주제에도 주의를 기울여야 한다. 이처럼 민감한 주제는 무엇이 사람들에게 동기를 부여하고 어떤 종류의 변화가 그들에게 활력을 불어넣을 수 있는지 단서를 제공한다.

배운 점을 요약하고 공유하기

모든 사람을 인터뷰한 뒤에는 팀원들과 조사 결과에 대해 논의한다. 그러면 일을 빠르게 추진하고 있음을 보여줄 수 있다. 피드백에서 의견 차이를 강조하거나 불편한 문제를 제기하는 경우, 팀원들이 적당한 스트레스를 받을 때의 모습을 관찰할 기회가 될 수 있다. 사람들의 반응을 관찰하면 팀 문화와 권력 역학 관계에 대한 귀중한 통찰력을 얻을 수 있다.

인사 담당 부사장 헨리는 데이비드에게 또 다른 과제였다. 그는 채용과 성과 관리, 보상 및 복리후생과 관련된 일반적인 문제를 처리하는 데 능숙했기 때문에 일반적인 상황이라면 훌륭한 인사 담당 리더가 되었을 테지만, 높은 성장이 필요한 환경에는 적합하지 않았다. 데이비드는 헨리가 인재 평가 및 승계 계획에 대해 수행한 작업을 검토하고 나서 그를 가까스로 B등급으로 평가했다.

평가를 마친 뒤 데이비드는 회사에서 5~25년 이상 근무한 팀원 대부분을 그대로 유지하기로 결정했다. 하지만 사람들의 태도, 특히 부서 간 신뢰가 부족한 점을 개선해야 한다고 판단했다.

평가를 마친 다음에는 조직의 문화와 리더의 임무, 활용 가능한 인재라는 조건에 맞게 팀을 재구성해야 한다. 궁극적으로 새로운 리더는 직원들이 자유롭게 정보를 공유하고, 신속하게 갈등을 파악해 처리하고, 창의적으로 문제를 해결하고, 서로를 지원하고, 의사결정을 내린 후 외부에 단합된 모습을 보여주는 등 높은 성과가 나타나기를 원한다. 리더는 팀의 구성, 공유된 비전과의 연계, 운영 모델, 새로운 규칙과 기대치의 통합이라는 4가지 요소에 집중해서 이런 행동을 촉진할 수 있다.

현실적 제약 안에서 팀을 재편하라

팀을 재편하는 가장 확실한 방법은 성과가 저조한 팀원이나 현 상황에 역량이 적합하지 않은 사람을 교체하는 것이다. 하지만 문화적으로나 정치적으로 팀원을 교체하기 어려울 수도 있고, 불가능한 경우도 있다. 리더는 인계받은 사람들과 함께 일해야 하기 때문이다. 기존 직원을 내보내고 새로운 사람을 데려올 수 있다고 해도 그 과정에 시간과 에너지가 많이 소모된다. 따라서 처음 몇 달 동안은 사업상 심각한 상황에서 중요한 역할을 맡았는데 제대로 소화하지 못하는 직원이나 일을 그르쳐 피해를 입힌 직원만 교체해야 한다.

다행히 팀을 재편할 다른 방법이 있다. 예를 들어, 일반적인 조직 개혁 시기를 기다렸다가 원하는 유형의 직원을 찾을 여지를 마련할 수 있다. 대체로 시간이 걸리기는 하지만, 더 높은 성과에 대한 기대감을 표시해 미미한 성과를 내는 직원이 자신에게 맞는 역할을 찾도록 유도함으로써 과정에 박차를 가할 수 있다. 조직의 다른 영역에서는 가치 있는 인재지만 당신 팀과 잘 맞지 않는 사람에게 적합한 직책을 찾아볼 수도 있다.

시간과 기타 자원이 충분하다면 새로운 책임을 맡을 수 있도록 잠재력이 높은 인재를 육성하는 것도 한 가지 방법이다. 아니면 개인의 역량에 더 잘 맞도록 역할을 변경하는 방법을 선택할 수도 있다. 이 방법은 팀을 재편할 때 특히 막강한 효력을 발휘하는데도 자주 과소평가되곤 한다. 여기에는 기존 역할의 범위를 조정하거나 직무를 바꾸거나 업무를 다르게 분류해 새로운 직책을 만드는 방법 등이 포함된다. 이런 전략 모두 매너리즘에 빠진 직원들에게 활력을 불어넣을 수 있다. 하지만 업무를 할당하는 데 기존과 다른 방식을 시도하려는 리더는 거의 없다.

데이비드는 이와 같은 접근 방식을 혼합해 팀 구성을 변경했다. 그는 외과 영업 담당 부사장 칼로스가 효율성을 저해하고 있으므로 내보내야 한다고 결론 내렸다. 고위 경영진 및 회사 인사팀과 상의한 후, 데이비드는 칼로스에게 넉넉한 조기 퇴직 보상을 제공했으며, 그의 직책을 없애고 영업 그룹을 부사장 한 명이 감독하도록 재편했다. 그리고 시술기기 판매에서 칼로스에 대응하는 역할로 통합된 영업 조직을 이끌도록 로이스를 임명했다. 데이비드는 로이스가 더욱 막중한 역할을 성공적으로 수행할 수 있도록 인사부에 코칭이 포함된 집중 리더십 개발 프로그램에 그를 등록시키도록 요청했다.

데이비드는 또한 인사 담당 부사장인 헨리가 회사에서 새로운 직책을 맡게 조처했다. 다행히 보상 및 복리후생 그룹에 적합한 자리가 있었다. 데이비드의 부서에서 받은 스트레스로 다소 지쳐 있던 헨리는 그 자리를 기꺼이 수락했다. 그 덕분에 데이비드는 영업 및 마케팅 부서의 하부 조직을 강화하는 데 필요한 인재 계획과 영입 및 개발 역량을 갖춘 새로운 부사장을 찾을 수 있었다.

팀원의 목적의식을 확인하라

모든 팀원에게 명확한 목적의식과 방향성이 있는지도 확인해야 한다. 때로는 팀이 정한 방향을 바꿔야 할 수도 있다. 그리고 방향은 어느 정도 맞지만, 팀원들이 힘을 합치지 못하는 경우도 있다.

팀원들의 의견을 하나로 모으기 위해서는 팀에서 다음 4가지 기본 질문에 대한 의견이 일치해야 한다.

- **무엇을 성취할 것인가?:** 사명과 목표, 핵심 지표에 이를 명시한다.
- **왜 이 일을 해야 하는가?:** 비전 선언문과 동기가 중요한 역할을 한다.
- **어떻게 할 것인가?:** 조직의 전략과 관련해 팀의 전략을 정의하고 실행에 필요한 계획 및 활동을 분류하는 것이 포함된다.
- **누가 무엇을 할 것인가?:** 팀원들의 역할과 책임이 위에서 언급한 모든 사항을 뒷받침해야 한다.

일반적으로 리더는 조직 개편의 다른 측면보다 팀 구성원들의 방향성을 맞추는 데 더 익숙하다. 조직 개편을 위한 도구와 프로세스를 잘 구축했기 때문이다. 하지만 유독 '왜'라는 요소 때문에 실수하는 경향이 있다. 팀에 영감을 주는 명확하고 설득력 있는 비전이 없고, 팀원에게 적절한 인센티브가 주어지지 않는다면 팀이 올바른 방향으로 활기차게 움직이지 않을 것이다. 하지만 보상과 혜택만으로는 충분한 동기 부여가 되지 않는다. 흥미로운 일과 지위, 승진 가능성 등 보상 전체를 종합적으로 제공해야 한다.

어쩌면 몇 가지 이유로 이를 제공하기 어려울 수도 있다. 숨겨진 인센티브(예를 들어 각 팀에 주어진 과제가 서로 상충하는 경우)가 팀에 방해 요인으로 작용하는지 파악하기 어려울 때가 많기 때문이다. 그리고 보상과 관련된 경우 흔히 그렇듯 특정 보상에 대한 영향력이 제한적일 수도 있다.

개별 평가 인터뷰와 그룹 토론에서 데이비드는 목표와 지표, 인센티브에 대한 사람들의 의견이 충분히 일치하지 않는다는 사실을 발견했다. 구체적으로 말해, 두 영업 그룹 간에는 서로를 도울 인센티브가 없었다. 게다가 두 제품의 마케팅 팀에는 인력이 부족했고, 이용 가능한 자금을 두고 조직에 해가 되는 방식으로 경쟁하고 있었다.

데이비드는 팀이 같은 목표를 향해 노력하도록 팀원들과 협력해 정기적으로 검토할 수 있는 종합적인 지표 대시보드를 개발했다. 또한 집행위원회의 기대에 부응하기 위해 성과 기준을 높여 팀을 회사의 다른 부서에 맞춰 재정비했다. 사업계획 과정에서 그는 팀이 더 높은 수준의 성장을 달성하도록 하는 데 주력했다. 그중에서 가장 중요한 조치는 두 영업 그룹 간 갈등을 일으켰던 어긋난 인센티브 문제를 해결한 점이었다. 이렇게 실무 기능을 통합한 뒤, 그는 로이스와 함께 영업 인력을 지역별로 재구성해 각 영업사원이 두 가지 신제품을 모두 대표하고 그에 따른 보상을 받을 수 있게 했다.

팀 운영 방식을 정하라

팀을 재편하려면 사람들이 언제 어떻게 모여 업무를 수행할지도 고려해야 한다. '핵심' 팀원의 수를 늘리거나 줄이고, 하위 팀을 만들고, 회의 유형과 빈도를 조정하고, 회의를 다른 방식으로 운영하고, 후속 조치를 위한 새로운 프로토콜을 설계해야 할지 등을 고려한다.

　이런 변화는 팀의 성과를 높이는 강력한 수단이 될 수 있다. 하지만 안타깝게도 많은 신임 팀장이 전임자의 방식을 그대로 유지하거나 약간 조정할 뿐이다. 팀의 운영 모델에 대해 더욱 창의적으로 생각하려면 업무 수행 방식에 대한 실질적인 제약 조건(예를 들어, 기업 전체를 대상으로 수립된 사업계획 및 예산 책정 절차)을 파악한 다음, 어떻게 하면 그 조건에서 팀이 더 효율적이고 생산적으로 운영될지 자문한다. 나아가 팀원들이 더욱 잘 협업할 수 있도록 (공식적이든 비공식적이든) 하위 팀을 만드는 편이 합당한지 고려해본다. 다른 활동보다 특정 활동에 더 자주 주의를 기울여야 하는지도 생각해본다. 이렇게 하면 팀 전체와 하위 팀 모두의 회의 일정을 적절히 설정할 수 있다.

　데이비드는 영업과 마케팅, 커뮤니케이션 팀의 상호의존성이 핵심임을 파악하고 해당 부서 리더들로 이루어진 하위 팀을 구성했다. 그는 더욱 집중적인 관심과 빠른 피드백을 얻기 위해 매주 팀원들과 만나기로 결정하는 한편, 전체 팀 회의는 격월로 개최하고 전략적인 문제에 관해 정보를 공유하고 토론하는 자리를 따로 마련했다. 하위 팀은 데이비드의 긴급한 우선순위인 두 제품의 시장 진출 전략을 구체화하고 실행하는 작업을 감독했다. 이 작업은 영업과 마케팅, 커뮤니케이션 리더의 직속 부하직원들로 구성된 교차기능 팀cross-functional team에서 수행했다. 절차를 간소화하고 협업을 강화하며 대응 시간을 단축했을 뿐 아니라, 영업 인력의 구조조정과 마케팅 팀에 대한 추가 자금 지원 등을 추진한 결과 매출이 급격하게 증가했다.

회의 빈도와 안건을 재고할 때는 리더십 팀에서 일반적으로 진행하는 3가지 유형의 회의(전략, 운영, 학습)를 이해하면 각 회의에 적절한 시간을 할당하는 데 도움이 된다. 전략 회의에서는 사업 모델과 비전, 전략과 조직 구성 등 가장 큰 결정을 내려야 하는 사안을 다룬다. 이 회의는 자주 열리지는 않지만 심도 있는 논의가 이루어진다. 운영 회의에서는 단기 성과 예측과 측정치를 검토하고 그 결과를 고려해 활동과 계획을 조정한다. 일반적으로 전략 회의보다 더 짧고 더 자주 열린다. 학습 회의는 필요에 따라 수시로 개최되며, 주로 위기 발생 후나 새로운 문제에 대응하기 위해 열린다. 팀 구축에 집중할 수도 있다.

한 가지 유형의 되풀이되는 회의에서 이와 같은 활동을 전부 다루려면 운영상 긴급한 사안이 전략 회의나 학습 회의에 밀려나는 상황이 생길 수 있다. 하지만 회의 유형을 적절히 조합하고 각 유형에 따라 규칙적인 주기로 일정을 잡으면 이런 사태를 방지할 수 있다. 일반적으로 운영 회의 주기를 먼저 정하고, 그 뒤에 회의 빈도와 참석자를 결정하는 것이 가장 좋다. 그런 다음 빈도가 적은 전략 회의를 겹쳐서 진행하면 충분한 토론 시간을 확보할 수 있다.

마지막으로, 어떤 종류의 사건이 일어났을 때 임시 학습 회의를 개최할지도 정한다. 예를 들어, 경쟁 제품 출시와 같은 시장에서의 주요 사건이 생겼을 때나 제품 리콜과 같은 중대한 내부적 결함이 발생했을 때 임시 학습 회의를 개최하기로 정할 수 있다.

팀 구성원의 신뢰를 얻어라

팀 재구성의 마지막 요소는 통합이다. 여기에는 바람직한 행동을 충족시키고 유지하기 위한 기본 규칙과 절차를 수립하고 팀원들에게 롤모델 역할을 하는 것이 포함된다. 물론 팀의 구성과 정렬, 운영 모델도 팀원들의 행동에 영향을 미친다. 하지만 이런 요소에 초점을 맞추는 것만으로는 충분하지 않다. 리더가 그룹 역학이 좋지 않은 팀을 인계받은 경우에는 더욱 그렇다. 이런 상황에서는 문제를 발생시키는 행동 패턴을 바꾸고 공동의 목적의식을 고취하는 등 개선 작업이 필요하다.

데이비드의 팀이 바로 그런 경우였다. 마케팅 담당 부사장과 영업 담당 부사장 간에 내분이 있는 데다 이전 리더가 외과 영업 담당 부사장 칼로스의 나쁜 행동을 억제하지도, 자원을 확보하지도 못해 구성원들의 신뢰가 약해져 있었다. 데이비드가 영업 조직을 재편하자 팀원들은 그가 (전임자와 달리) 결단력 있고 정직한 사람임을 깨달았다. 그는 팀원 구성에 변화를 주고 마케팅에 필요한 자금을 확보한 것으로도 존경을 받았다. 따라서 팀원들 간의 신뢰를 회복하기에 좋은 상황이었다. 데이비드는 이후 팀 역학 관계에 대한 보다 집중적인 평가를 의뢰했다. 자신의 역할을 좀 더 수행하고 그룹과도 신뢰를 쌓았으니 팀 역학 문제에 더 깊이 파고들 시기라고 생각한 것이다.

이 독립적인 전문가 평가에는 팀원들을 대상으로 한 익명의 설문조사와 팀 내 리더들에 대한 신뢰를 결정짓는 주요 요소들에 관한 후속 인터뷰가 포함되었다.

- 모든 팀원이 자기 업무를 소화할 역량을 갖추고 있다는 확신
- 정보 공유의 투명성
- 헌신이 존중받는다는 믿음
- 비하와 비판, 보복에 대한 두려움 없이 다양한 의견을 표현할 수 있는 심리적 안전감
- 비밀 유지 보장
- 의결된 사항에 대한 단결

평가 결과, 정보 공유의 투명성과 심리적 안전감, 단결이 신

뢰와 관련된 팀의 주요 문제로 나타났다. 이런 결과를 공유하기 위해 데이비드는 팀원을 한데 모았다. 그는 신뢰 문제가 계속 이어진다면 결코 승리하는 팀이 될 수 없다는 점을 지적했다. 문제의 구조적 원인(어긋난 인센티브와 자금 부족, 칼로스의 영향)과 이를 해결하기 위해 이미 취한 조치에 대해서도 공유했다. 결정적으로 이 부서가 높은 성과를 낼 수 있다는 자신감을 드러내며 이를 실현하기 위해 노력하겠다는 의지를 표명했다.

그런 다음 데이비드는 그룹 역학 관계를 재편하기 위한 절차를 제시했다. 우선, 팀원 모두가 특정 행동원칙에 동의해야 했다. 정보를 공유하고 서로 존중하며 의사결정을 내린 뒤에는 '하나의 팀'으로 행동한다는 뜻이다. 그런 다음 모두가 의사결정에 더 투명하게 접근해야 했다. 각 결정에 대해 데이비드는 자신이 직접 결정할지, 소규모 그룹에 공개할지, 아니면 전체 팀의 합의를 구할지 미리 밝힐 것이다.

회사 밖에서의 모임 이후 데이비드는 자신이 세운 새로운 원칙과 절차를 몸소 '생활화'하는 데 집중했다. 그리고 요구되는 행동을 강화했다. 비생산적인 행동이 나타날 때마다 팀 회의에서든 팀원 개인과 사적으로든 즉시 개입했다.

오래된 습관은 쉽게 고쳐지지 않기 때문에 시간이 조금 걸렸지만, 그룹 역학 관계가 점점 개선되었다. 데이비드는 새로운 인사 담당 부사장이 팀에 합류하자 기존의 원칙과 절차를 다시 한

번 치밀하게 검토했다.

팀원 구성이나 팀의 사명에 변화가 있을 때마다 행동 기대치를 재검토하고 강화하는 절차를 표준 관행으로 삼아야 한다. 팀이 어떻게 운영되고 있는지, 팀원들이 원칙을 지키고 있는지 정기적으로(분기별 또는 반기별) 검토하는 일정을 잡는 것도 중요하다.

팀의 발전을 앞당기기

평가 및 재구성 작업을 바탕으로 리더는 팀원들이 초기에 성과를 거둘 수 있도록 활력을 불어넣어야 한다. 데이비드 역시 경험을 통해 초기 성과는 자기 역량에 대한 자신감을 높일 뿐만 아니라 새로운 규칙과 절차의 가치를 강화한다는 사실을 알고 있었다.

데이비드와 그의 팀은 3개월간 매출에 대한 도전적인 목표를 설정하고 목표를 달성하기 위해 노력했다. 관련 업무 및 책임자를 지정하고, 어떤 외부 이해관계자의 지원이 필수적인지 결정하며, 관계 구축에 대한 책임을 배분하고, 조직의 나머지 구성원들과 결과를 공유하기 위한 메시지와 방법을 개발했다. 결국 데이비드의 팀은 목표를 큰 폭으로 초과 달성했다.

팀은 성공을 거둔 뒤에도 이를 바탕으로 계속 발전해나간 결과 성취와 자신감의 선순환이 이루어졌다. 데이비드가 부임한 첫해가 끝날 무렵에는 매출 성장률이 목표를 훨씬 뛰어넘었다. 실제로 야심 차게 세운 예측치를 세 번이나 상향 조정했다. 경영 진은 당연히 이와 같은 발전에 만족했고, 데이비드는 추가 자원 을 확보하고 영업 인력을 확충하며 일반적인 급여 한도를 초과 해 뛰어난 인재를 채용할 기회를 얻었다. 그 후 2년 동안 성장세 가 계속되었지만, 경쟁사가 신제품을 출시하자 상황이 어려워지 기 시작했다. 하지만 그 무렵 데이비드의 팀은 업계에서 독보적 위치를 차지했고, 팀에서 자체적으로 신제품을 출시할 준비를 하고 있었다.

마이클 왓킨스는 제네시스어드바이저스 공동 설립자이자 회장이며, 스위스 국제경영개발원IMD의 리더십·조직 변화 분야 교수다. 세계 최고 협상 전문가 중 하나다. 2019년 '싱커스 50Thinkers 50'에 선정되었다. 《협상 리더십Shaping the Game》(흐름출판, 2007), 《90일 안에 장악하라The First 90 Days》(동녘사이언스, 2014) 등을 집필했다.

물려받은 팀과 잘 해나가는 방법

무엇이 문제인가?

팀 구축 논의에서는 대체로 첫날부터 팀원을 선발하고 방향과 분위기를 정할 수 있다고 가정한다. 하지만 리더는 일반적으로 그런 사치를 누릴 수 없다. 인계받은 사람들과 함께 일해야 한다.

무엇이 필요한가?

팀을 인수해 변화시켜야 하는 리더에게는 전환을 탐색하고 성과를 개선하는 방법에 대한 지침이 필요하다.

효과적인 방법

효과적인 3단계 모델이 있다. 첫째, 현재 팀원들과 팀의 역학 관계를 평가한다. 둘째, 당면한 사업상 과제에 따라 팀의 구성원과 목적의식 및 방향성, 운영 모델과 행동 방식을 재구성한다. 셋째, 초기에 몇 번 승리를 거둬 팀의 발전을 앞당긴다.

위기에 빠진
팀장을 구하라

캐럴 워커

톰 에덜먼은 그보다 먼저 승진했던 다른 수백만 명의 팀장과 마찬가지로 개인 기여자로서 놀라운 성과를 거두었다. 그는 똑똑하고 자신감이 넘쳤으며 미래 지향적이고 수완도 뛰어났다. 고객은 물론 상사와 동료들도 그를 좋아했다. 따라서 상사가 그에게 팀장직을 제안했을 때 부서에서 아무도 놀라지 않았다. 톰은 고객과 직접 소통하는 일을 좋아했지만, 팀장직을 포기하기 싫었기 때문에 긴가민가한 마음으로 수락했다. 물론 기분이 꽤 좋았다.

하지만 6개월 후, 톰을 코칭해달라는 요청을 받고 만났을 때는 그가 자신감 있고 유능한 직원이었을 때의 모습을 상상하기조차 어려웠다. 톰은 궁지에 몰려 쩔쩔매는 사람처럼 보였다. 당황한 기색이 역력했고, 실제로 자기 기분을 설명할 때 "당황스럽다"라는 말을 여러 번 반복했다. 그리고 어느새 자신의 능력을 의심하고 있었다.

한때 친한 동료였던 직속 부하직원들은 더 이상 그를 존중하지도 좋아하지도 않는 것 같았다. 게다가 그의 부서에는 연달아 작은 위기가 발생해 이를 해결하는 데 대부분의 시간을 바쳐야 했다. 그는 그 일에 시간을 지나치게 낭비하고 있다는 사실을 알면서도 그만둘 수 있는 방법을 찾지 못했다. 사업 성과가 부진해진 정도는 아니었지만, 이런 문제로 인해 그는 심각한 곤경에 처해 있었다.

톰의 상사는 그가 팀장 역할을 제대로 소화하지 못할 위험에 처해 있다고 여겨 도움을 요청했다. 그리고 지원과 코칭을 통해 필요한 도움을 받은 결과 톰은 유능한 팀장이 되었다. 실제로 그는 지원과 코칭을 경험한 이후 두 차례 승진했고, 지금은 회사 내에서 작은 부서를 운영하고 있다. 하지만 그가 실패할 뻔했던 순간과 그렇게 되기까지의 과정은 놀라울 정도로 일반적이다.

대부분 조직에서는 기술적 역량을 근거로 직원을 팀장으로 승진시킨다. 그러나 이런 사람들은 팀장이 됨으로써 자기 역할이 어떻게 달라졌는지 이해하지 못하는 경우가 많다. 즉, 자신의 업무가 더 이상 개인적 성취가 아니라 다른 사람의 성취를 돕는 일이라는 점, 버스를 운전하는 것이 때로는 뒷좌석에 앉는 것을 의미한다는 점, 거래를 성사시키는 것보다 팀을 구축하는 것이 더 중요할 때가 많다는 점을 알지 못한다. 아무리 뛰어난 직원이라도 이처럼 새로운 현실에 적응하려면 어려움을 겪는다.

새로 팀장이 된 사람들은 대체로 불안감을 안고 있어 완전히 낯선 영역을 다룰 때조차 도움 청하기를 망설이는데, 이런 성향 때문에 문제가 더욱 심각해진다. 신임 팀장은 스트레스가 쌓일수록 문제의 원인을 자기 내면에서 찾으려 한다. 따라서 점점 불안정해지고 자기 문제에 빠져 팀을 제대로 지원하지 못한다. 결국 신뢰가 무너지고 직원들은 소외감을 느끼며 생산성도 떨어진다.

대부분 기업에서는 신임 팀장이 알아서 중요한 관리 기술을 터득할 거라고 여겨 이런 악순환이 반복된다. 물론 어떤 이들은 실제로 그렇게 한다. 하지만 내 경험에 따르면 저절로 깨우치는 사람은 얼마 되지 않는다. 대부분은 도움이 필요하다.

많은 회사에서 그렇듯 종합적인 교육과 집중적인 코칭 과정이 마련되어 있지 않을 때는 신임 팀장의 상사가 중요한 역할을 한다. 물론 고참 팀장이 매주 몇 시간씩 신임 팀장의 업무를 감독하기란 현실적으로 불가능하다. 하지만 신임 팀장이 직면하는 일반적인 어려움이 무엇인지 안다면, 어떤 문제는 발생하기 전에 미리 방지할 수 있을 것이다.

위임하는 법을 배워라

효과적인 위임은 이제 갓 팀장이 된 이들에게 매우 어려운 과제다. 상사는 신임 팀장에게 막중한 책임과 촉박한 마감일을 부여하고, 성과를 내야 한다며 심한 압박을 가한다. 이런 어려움에 직면했을 때 신임 팀장은 대체로 이것이 바로 자신이 승진한 이유라고 생각하면서 '그냥 하자'는 반응을 보인다.

하지만 이들이 업무의 위임을 꺼리는 근본 이유에는 몇 가지 실제적인 두려움이 있다. 첫째, 자기 입지가 줄어들지 않을까 하는 두려움이다. 주목받는 프로젝트를 부하직원에게 맡기면 그 공이 고스란히 부하직원에게 돌아간다. 그렇다면 내게는 어느 정도 인지도가 남을까? 상사와 직원들이 내가 어떤 일을 하고 있는지 제대로 알 수 있을까? 둘째, 통제권을 내려놓는 것에 대한 두려움이다. 프랭크에게 이 일을 맡기면 그가 제대로 해낼지 어떻게 확신하지? 이런 두려움에 맞닥뜨린 신임 팀장은 업무를 위임하되, 프랭크가 책임감을 전혀 느끼지 못하는 선까지 철저히 감독할지도 모른다. 마지막은 직원에게 과도한 업무 부담을 줄지 모른다는 주저함이다. 과거의 동료들이 자신을 원망할까 봐 업무 위임을 불편해할 수도 있다. 그러나 진짜 문제는 직원들이 기회가 부족해서 승진할 기회를 박탈당한다고 느낄 때 생긴다.

신임 팀장이 이런 두려움을 느낀다는 징후에는 여러 가지가 있다. 대표적으로 지나치게 오랜 시간 근무하거나, 새로운 책임 맡기를 주저하거나, 직원들이 일에 몰두하지 않는 듯 보이거나, 상사가 부하직원에게 질문했을 때 신임 팀장이 대답을 대신하며 그 직원이 상사와 직접 소통하지 못하게 하는 경우 등이다.

신임 팀장이 효과적으로 업무를 위임하려면 먼저 자신이 맡은 새로운 역할을 이해해야 한다. 새로 맡은 팀장 업무가 개인 기여자의 업무와 근본적으로 다르다는 것을 인정해야 한다. 조직이 리더에게서 중요하다고 여기는 자질이 무엇인지 명확히 정의해보자. 어느 회사에서나 유능하고 승진시킬 만한 직원을 개발하는 일은 무척 중요하다. 신임 팀장은 수치상 목표를 달성하는 것 외에 이처럼 눈에 잘 보이지 않는 노력으로도 보상받을 수 있다. 이 새로운 역할을 이해하는 것만으로도 절반은 성공한 셈이다. 그런데 많은 회사에서 신임 팀장은 처음부터 당연히 자기 역할을 해내야 한다고 착각한다.

이처럼 신임 팀장이 새 역할을 분명히 인지한 뒤에는 구체적인 전술로 넘어간다. 당연히 상사부터 솔선수범해야 한다. 상사를 위해서 일하는 신임 팀장에게 권한을 부여하고 조직에서 자신의 가치에 대한 불안감을 극복하도록 이끌어줘야 한다. 그런 다음, 그가 팀에 자율성을 부여하고 참여를 유도할 기회를 찾도록 지원해야 한다.

내가 코칭했던 한 젊은 팀장에게는 신입 직원들을 교육하고 감독할 시간이 절실히 필요했다. 그의 회사는 최근에 다른 회사에 인수되었고, 그는 직원들의 높은 이직률 문제와 더불어 업계 전반의 새로운 규칙 및 규정 관련 업무를 처리해야 했다. 직원 중 가장 고위직이며 인수 회사에서 근무했던 여성이 가족과의 장기 휴가를 마치고 곧 돌아올 예정이었는데, 그는 그 직원에게 도움을 요청할 수 없을 거라고 확신했다. 그 직원은 파트타임으로 일하고 있었고, 회사의 가장 큰 고객사에 배정해달라고 요청했기 때문이다. 게다가 새 팀장은 이 직원이 자신의 승진에 불만을 품고 있다고 의심했다. 하지만 상황을 평가한 결과, 팀장은 해당 직원의 최우선 과제가 팀의 중요한 일원으로 다시 자리 잡는 거라고 판단했다. 이 사실을 깨달은 팀장은 그 직원에게 중요도가 높은 감독 업무를 맡기고, 좀 더 작은 규모의 고객도 담당하도록 요청했다. 그 직원은 혼쾌히 동의했고, 새로운 팀장과 협력해서 팀을 발전시킬 생각에 들뜬 마음으로 복직했다.

신임 팀장이 업무량이 늘었다고 불평할 때가 업무 위임에 대해 논의할 시기다. 처음에는 직원들의 확실한 강점을 살려 위험 부담이 작은 일부터 위임하도록 격려한다. 예를 들어, 매우 체계적이고 믿음직한 고참 직원에게 신제품 출시 물류를 총괄하도록 하는 식이다. 세부적인 일 처리에 익숙하지 않은 스타급 영업 직원에게 요청하는 것보다 훨씬 덜 위험하다. 초반에 성공을 거두면 팀장은 자신감을 찾고, 각 팀원의 역량을 확장하는 데 점차 더 큰 위험을 감수할 의지도 생긴다.

위임은 권리를 포기하는 것이 아니라는 점을 강조한다. 복잡한 프로젝트를 관리 가능한 여러 단계로 나누고 단계마다 범위를 명확하게 정하면 후속 조치를 하는 데 더욱 효과적일 것이다. 팀장이 진행 상황을 파악하고 직원들에게 책임감이 생길 수 있도록 프로젝트를 시작하기 전에 규칙적으로 회의 일정을 잡는 것도 중요하다.

윗선의 지지를 확보하라

이제 막 팀장이 된 사람들은 대부분 상사와의 관계를 파트너 관계라기보다 복종 관계라고 생각한다. 신임 팀장은 상사가 회의를 시작하고 보고를 요청하며 결과에 대해 질문할 때까지 기다릴 것이다. 어떤 상사는 이런 구속을 환영할 수도 있지만, 이는 일반적으로 불길한 징조다. 우선, 상사가 소통의 흐름을 계속 이어가야 한다는 과도한 압박을 받는다.

더 중요한 점은 신임 팀장이 상사를 핵심 지원군으로 여기지 않는다는 것이다. 신임 팀장이 상사를 그렇게 생각하지 않으면 자기 직원들에게도 그렇게 보이지 않을 가능성이 크다. 그럴 때 문제는 상사라는 지위 자체가 신임 팀장들을 두렵게 한다는 점만이 아니다. 그들이 자신의 약한 부분을 내보이기 두려워한다는 것도 문제다. 갓 승진한 팀장은 상사가 자신을 승진시킨 것이 실수라고 생각할까 봐 약점을 드러내고 싶어 하지 않는다. 신임 팀장들에게 상사와의 관계에 대해 물어보면, 종종 "상사의 눈에 띄지 않으려" 노력하고 "상사에게 말을 걸기가 조심스럽다"고 인정한다.

경험이 부족한 팀장은 실패 조짐이 보일 때조차 상사에게 도움을 요청하지 않는다. 유능해 보이는 신임 팀장도 실패한 프로젝트나 관계를 다시 통제할 수 있을 때까지 감추려 하는 경우가 많다. 예를 들어, 나와 기술 회사에서 함께 일했던 한 팀장은 자기보다 스무 살 많은 전문가를 고용했다. 융화 과정이 순탄치 않았는데, 그 팀장이 최선을 다했음에도 전문가는 결국 조직에 적응하지 못했다(기술 분야의 많은 회사가 그렇듯이 젊은 직원이 많은 회사였다). 그 팀장은 상사에게 도움을 요청하는 대신 혼자 상황을 헤쳐나가기 위해 고군분투했다. 결국 그 전문가는 일 년 중 가장 바쁜 시기에 사임했고, 젊은 팀장은 최악의 순간 일손이 부족해진 데다 장차 중요한 기여자가 될 인재를 놓쳐 두 배로 고통을 겪어야 했다.

상사는 신임 팀장을 어떻게 대해야 할까? 우선, 신임 팀장에 대한 기대치를 명확히 해야 한다. 신임 팀장의 성공이 상사의 성공과 어떤 관련이 있는지 설명하고, 목표를 달성하기 위해서는 열린 의사소통이 필요하다는 것을 팀장이 이해할 수 있게 한다. 그리고 팀장이 모든 해답을 알 거라 기대하지 않는다고 설명한다. 도움이 될 만한 회사 내 다른 팀장을 소개하고 필요하면 직접 연락을 취하게 한다. 실수는 용납할 수 있지만 감추는 것은 항상 잘못 그 자체보다 더 나쁘다는 사실을 일깨워준다. 그리고 이야기를 더 나누고 싶으면 언제든 점심 초대에 응하겠다고 말한다.

점심 식사나 가벼운 회의도 중요하지만, 그것만으로 충분하지 않을 때가 많다. 따라서 신임 팀장과 정기적으로 만나는 자리도 마련할 필요가 있다. 새로운 업무를 맡은 초기에는 매주 회의하고, 자신감이 쌓이면 격주 또는 매달 만나는 식으로 회의를 진행한다. 이런 자리를 통해 서로 친밀감을 형성하면서 상사는 신임 팀장이 업무에 어떻게 접근하는지 파악하고, 신임 팀장은 정기적으로 자기 생각을 정리할 수 있다.

회의는 팀장의 몫이며, 안건을 계획하는 것도 팀장에게 달려 있다는 점을 강조한다. 상사는 질문과 답을 하고 조언하기 위해 참석할 뿐이다. 상사가 팀장에게 전달하려는 메시지는 팀장의 업무가 자신에게도 중요하며, 자신이 헌신적인 사업 파트너라는 점이다. 이런 방식을 통해 상사는 알게 모르게 신임 팀장에게 업무를 위임하고 부하직원을 이끄는 방법을 보여줄 수 있다.

자신이 없을 때도 자신감을 보여라

자신감이 없을 때도 자신감 있는 모습을 보여야 하는 것은 모두가 직면한 과제다. 특히 고참 팀장은 언제 자신감 있는 모습을 의식적으로 연출해야 할지 알고 있다. 하지만 신임 팀장은 내면에 너무 집중한 나머지 이런 필요성이나 자신의 이미지를 인식하지 못하는 경우가 많다. 본질에 너무 집중해 형식도 중요하다는 사실을 잊어버리는 것이다. 부임하고 처음 수주간 혹은 수개월은 신임 팀장이 직원들에게 다가갈 결정적 시기다. 자신감을 보여주지 못하면 팀원들에게 영감과 활력을 불어넣을 수 없다.

나는 자신의 일상적인 태도가 조직에 해를 끼친다는 사실을 인식하지 못하는 신임 팀장들을 자주 만난다. 빠르게 성장하는 한 기술 기업의 서비스 팀장 린다는 극심한 스트레스에 시달렸다. 서비스가 중단되는 일이 너무 많이 발생해 통제 범위를 넘어섰기 때문이다. 고객들은 까다로웠고 직원들은 심한 부담을 느꼈다. 급격히 늘어난 직원들은 대체로 경험이 부족했다. 무척 속상해하는 고객과 직원들 때문에 그는 거의 매일 곤경에 처했다. 항상 숨이 가쁘고 허둥대고 무슨 일이 생길까 봐 조마조마했다.

신임 팀장이 감당하기에는 지나치게 벅찬 상황일지 모르지만, 빠르게 성장하는 회사에서는 흔한 일이다. 운영 측면에서 그는 일을 잘하고 있었다. 그의 에너지와 수완 덕분에 고객층이 증가하고, 고객 유지율도 높았다. 하지만 다른 측면에서 보면 그는 회사에 많은 피해를 주고 있었다.

린다의 안절부절못하는 태도에는 두 가지 중대한 역효과가 있었다. 첫째, 그는 자기도 모르게 부서에서 허용되는 행동의 기준을 정의했다. 이내 미숙한 직원들도 린다와 같은 행동을 보이기 시작했다. 그러자 다른 부서에서 린다나 그의 팀원들과 소통하기를 꺼렸다. 이들에게서 감정적인 반응이 나올까 봐 신경 쓰였기 때문이다. 서비스 문제에 대한 실질적인 해결책을 찾으려면 각 부서에서 공개적으로 정보를 교환해야 하는데, 아무도 린다의 팀과 정보를 교환하려 하지 않았다. 둘째, 린다는 고위 상사들에게 승진할 만한 인재라는 인상을 주지 못했다. 윗사람들은 그의 문제 해결 능력에 만족했지만, 자신감 있고 침착한 리더의 모습은 발견하지 못했다. 이런 이미지 때문에 결국 그는 상위 직급으로 승진하지 못했고 부서도 더는 발전하지 못했다.

모든 신임 팀장이 린다와 같은 문제를 드러내는 것은 아니다. 어떤 사람은 지나치게 거만하고 어떤 사람은 자격지심을 숨김없이 드러내기도 한다. 팀장이 거만해 보이든 불안해 보이든, 솔직한 피드백은 항상 최고의 도구다. 신임 팀장을 관리하는 고위 상사가 자기 감정을 있는 그대로 털어놓아도 된다고 말해주면 큰 도움이 된다. 단, 이는 사람들 앞이 아니라 상사의 사무실에서 비공개로 해야 한다. 또한 팀장 자리에 오르면 얼마나 긴 그

립자가 따라다니는지 알려줘야 한다. 팀원들은 늘 팀장을 가까이서 관찰한다. 팀장이 전문가다운 모습과 긍정적인 태도를 보이면 팀원들도 따라 한다. 의식적으로 처신의 중요성을 강조해야 한다. 자신이 끊임없이 세상에 내보이는 이미지를 의식하라는 뜻이다. 팀장이 조금이라도 부정적 이미지를 보이면 즉시 알려줘야 한다.

신임 팀장이 자신의 권위를 훼손하는 경우에도 알려줘야 한다. 린다는 신임 팀장이 저지르는 또 하나의 전형적인 실수를 저질렀다. 상사가 제안한 계획안을 직원들에게 그대로 실행하게 한 것이다. 그는 계획안을 발표하면서 팀원들에게 수석 부사장이 제안했기 때문에 중요하다고 말했다. 팀을 단결시키려는 의도는 좋았지만, 팀원들이 린다보다 상사에게 더 많은 관심을 느끼도록 유도했다.

신임 팀장이 고위 경영진의 대변인처럼 보이는 것보다 자신의 권위를 잃게 하는 더 빠른 길도 없다. 고위 경영진이 계획을 점검할 예정이라고 언급해도 큰 문제가 되지는 않지만, 팀장이 단순히 전달자로 인식되지 않도록 주의해야 한다.

적절한 시기에 적절한 코칭을 하는 것이 신임 팀장에게 자신감을 심어주는 가장 효과적인 방법이다. 예를 들어, 신임 팀장에게 처음 계획안을 수행하도록 요청할 때는 시간을 조금 더 들여 절차를 이해하도록 이끌어주고 경영의 기본 원칙을 부각시켜야 한다. 직원들이 반드시 상사를 좋아할 필요는 없지만 신뢰할 수는 있어야 한다고 말이다. 신임 팀장이 스스로 전달하려는 메시지를 정확하게 이해했는지도 확인해야 한다.

해고는 신임 팀장이 매우 어려워하는 업무다. 고위 상사가 신임 팀장에게 준비가 허술한 상태에서는 해고를 진행하지 말라고 알려줘야 한다. 신임 팀장이 부하직원을 해고할 때는 가능한 한 많은 정보를 공유한다. 함께 비공식적으로 연습해서 예상되는 모든 질문과 반응에 대비할 수 있게 한다. 신임 팀장이 처음으로 메시지 전달을 시도할 때 얼마나 형편없는지 알면 상사가 놀랄 수도 있다. 하지만 약간의 연습을 거치면 팀장과 회사의 이미지를 모두 지킬 수 있을 것이다.

큰 그림에 초점을 맞춰라

신임 팀장은 당장 급박한 업무에 쫓기느라 무엇보다 중요한 계획을 놓치기 일쑤다. 내부에서 승진한 팀장은 끊임없이 눈앞의 불을 끄는 데 익숙한 최전방을 떠나온 지 얼마 안 되어 더욱 그럴 것이다. 풍부한 기술적 노하우로 무장해 최근까지 개인적으로 회사에 크게 기여했던 팀장은 본능적으로 달려가서 도움이 필요한 고객이나 직원의 문제를 해결하곤 한다. 이런 구조 활동을 통해 얻는 성취감은 문제의 근본적 원인을 뿌리 뽑는 것보다 훨씬 더 매력적이고 짜릿하다. 상사가 최전선에 직접 뛰어들어 용감한 싸움을 벌이는 것보다 팀 정신을 고취하기에 더 좋은 일이 있을까?

물론 팀장이 비상 상황에서 구원병으로 나서면 훌륭한 팀워크를 보여줄 수 있다. 그런데 그 모든 비상 상황이 진짜 긴급한 상황일까? 더 늦게 입사한 직원이 복잡한 문제를 처리할 권한을 제대로 부여받고 있는가? 그리고 신임 팀장이 급한 불을 끄느라 바쁘면 누가 부서를 위해 전략적 사고를 하겠는가? 만약 상사가 이와 같은 의문을 가진다면 신임 팀장이 자기 역할을 제대로 이해하지 못하거나 그 역할을 두려워하고 있다는 의미다.

한 젊은 팀장은 꾸준히 발생하는 문제에 대응하는 데 너무 익숙해져, 조직 전체를 위한 전략적 계획을 세우는 데 시간을 쓰는 일 자체를 꺼려했다. 이유를 묻자, 그는 위기가 닥칠 때까지 대기하는 것이 자기 역할에서 무척 중요한 부분이라 생각한다고 말했다. 그러면서 그가 물었다.

"만약 전략 계획을 세우려고 일정을 잡았는데 긴급한 일이 생겨 누군가를 실망시키면 어떡하죠?"

정말 긴급한 상황이 발생하면 언제든 전략 부문을 연기할 수 있다고 하자 그는 안심하는 듯했다. 하지만 그는 전략 사업에 대해 생각할 시간을 마련하는 것을 자기중심적인 행위로 보았고, 다음 회계 연도에 생산성을 대폭 개선하라는 요구를 받을 텐데도 바로 앞일에 전혀 대비하지 못하고 있었다.

이럴 때는 상사가 신임 팀장에게 전략적 사고가 경력 개발에 반드시 필요한 기술이라는 점을 말해줘야 한다. 관리 업무가 처음인 사람은 업무의 10퍼센트를 전략, 90퍼센트를 전술에 할애해야 한다. 그러나 조직의 사다리를 타고 더 높이 올라갈수록 그 비율은 반대가 된다. 다음 단계에서 성공하려면 팀장은 자신이 전략적으로 사고하고 행동할 수 있음을 입증해야 한다. 이를 위해 상사는 정기적인 회의 일정을 활용해 신임 팀장이 큰 그림에 집중하도록 도와주어야 한다. 팀장이 단순히 최근 실적만 보고하고 넘어가지 않게 그 결과에 대해 심도 있게 질문한다. 예를 들어, "향후 2분기 동안 실적에 영향을 미칠 수 있는 시장 트렌드는 무엇이라고 보나요? 경쟁업체는 이 트렌드에 어떻게 대응하고 있나요?"라고 물어본다. 신임 팀장이 직원들이 얼마나 훌륭한 교육을 받았는지 자랑한다면 "내년에 생산성을 25퍼센트 높이려면 직원들에게 추가로 어떤 기술을 가르쳐야 할까요?"라고 물어본다. 답변이 만족스럽지 못하면, 정답을 알기를 바라는 것이 아니라 전략적 사고 과정에 온전히 참여하기를 기대한다고 말해준다.

신임 팀장은 대체로 목표보다 활동에 초점을 맞춘다. 활동은 빠르게 달성할 수 있는 반면(예를 들어, 영업직원의 프레젠테이션 기술 향상을 위한 세미나), 목표를 달성하는 데는 일반적으로 시간이 더 오래 걸리기 때문이다(예를 들어, 영업직원의 효율성을 실질적으로 향상하기). 상사는 신임 팀장에게 목표 및 목표 달성 활동을 명확하게 구분하고 글로 제출하게 함으로써 전략적으로 사고하도록 이끌어야 한다. 목표 설정 훈련을 하면 신임(그리고 중견) 팀장이 전략적 계획을 수립하는 데 도움이 될 것이다.

직원 개발처럼 중요하면서도 명확한 기준이 없는 목표는 측정하기 어렵다는 이유로 종종 간과된다. 이런 목표는 명확한 실행 단계와 함께 문서로 작성하면 구체적인 목표로 바꿀 수 있고, 목표를 달성했을 때 성취감과 보상을 얻을 가능성도 커진다. 명확한 목표를 세운 팀장은 온종일 전술에만 매달리고 싶은 유혹에 덜 시달린다. 이 과정을 통해 팀장이 올바른 문제에 대해 생각하고 팀원을 효과적으로 배치하는지 확인할 수 있다.

건설적인 피드백을 제공하라

정면 대결을 피하려는 것은 인간의 본능이다. 대부분 사람은 다른 사람의 행동을 바로잡아야 할 때 난처해한다. 신임 팀장도 예외가 아니어서, 직원들과 중요한 문제를 논의하는 자리를 피하는 경우가 많다. 예를 들면, 한 직원이 성과 목표를 달성하는 데 어려움을 겪거나 회의에서 부적절한 행동을 하는 경우에도 팀장은 가만히 앉아 지켜보면서 상황이 마법처럼 좋아지기만을 바라는 식이다. 다른 직원들은 이런 상황에서 아무런 행동도 취하지 않는 팀장에게 실망한다. 부하직원이 자기를 이해하지 못한다는 사실을 믿을 수 없어 팀장 본인의 실망감도 커진다. 단순한 성과 문제가 이제 신뢰성의 문제가 된 것이다. 결국 팀장은 이를 직원의 개인적 문제로 치부하고, 직원과 대화하면서 좌절감을 드러낸다. 그러면 직원은 허둥지둥 자신을 옹호한다.

경험이 부족한 팀장은 대부분 시간이 한참 지나고 나서야 직원과 성과 문제에 관해 이야기한다. 이럴 때는 상사가 신임 팀장에게 실제적인 도움을 줘야 한다. 건설적인 비판이란 직원을 향한 비판이 아니라 그 직원에게 권한이 생긴다는 신호로 받아들이게 하는 환경을 조성하는 것이다. 상사가 신임 팀장에게 발전 상황에 대한 피드백을 제공하는 것으로 시작한다. 문제가 생기기 전에 신임 팀장에게 약점이 무엇인지 귀띔하는 것만으로 충분하다. 예를 들어, 긍정적인 분위기에서 성과 검토를 끝낸 뒤 신임 팀장에게 이렇게 물어본다.

"모든 면에서 당신은 회사에서 앞날이 밝아 보이니 제가 몰랐으면 하는 부분에 대해서도 이야기를 나누었으면 해요. 어떤 부분이 가장 자신 없나요? 기회가 왔을 경우에 대비해 그 부분을 보완하려면 어떻게 해야 할까요?"

높은 성과를 내는 팀장이라도 자신이 발전할 필요성에 대해 잘 모른다는 사실을 알면 놀랄 것이다. 상사가 먼저 그 필요성을 언급하지 않는 한 그들은 이 주제에 대해 별다른 행동을 취하지 않을 가능성이 크다.

팀장이 팀원들에게 제공해야 하는 피드백이 항상 긍정적이거나 전달하기 쉬운 내용만은 아니다. 핵심은 부하직원이 목표를 달성하고자 하는 욕망을 키우도록 돕는 것이다. 이런 상황에서는 껄끄러운 개인적 문제까지 언급할 수도 있다.

나와 함께 일했던 한 고위 상사는 어느 정도 성과를 내는 신임 팀장을 관리하고 있었다. 그런데 그 팀장은 부서 내 다른 직원들에게 딱히 도움이 되지도 않으면서 자신이 승진하지 못했다는 사실에 불만을 품고 있었다. 상사는 그 팀장의 태도가 나쁘다고 직접적으로 지적하는 대신 더욱 생산적인 접근 방식을 취했다. 신임 팀장의 개인적인 목표를 알고 있다는 점을 활용해 피드백을 제공한 것이다.

"당신이 승진하고 싶어 한다는 걸 잘 알아요. 제 목표는 당신이 목표를 달성하도록 돕는 거죠. 하지만 제가 완전히 솔직하지 않으면 그럴 수 없어요. 팀장의 중요한 업무 중 하나는 직원들의 장점을 강화하는 겁니다. 그런데 당신은 그 역할에 흥미가 없어 보이네요. 어떻게 하면 이 문제를 같이 해결할 수 있을까요?"

그는 신임 팀장을 탓하지도, 나무라지도 않았다. 그저 그 직원이 원하는 것을 얻도록 도와주겠다고 제안했다. 하지만 하려는 말을 명확하게 전달했다.

　나와 함께 비판적인 피드백을 제공하는 방법에 대해 브레인스토밍을 진행한 결과, 그 상사는 위와 같은 접근 방식을 취했다. 브레인스토밍 세션을 진행하면 껄끄러운 개인적 문제를 명쾌한 사업상 문제로 전환하는 데 도움이 된다. 직원들에게 비협조적인 고참 직원의 경우에는 태도를 토론 주제로 삼을 필요가 없다. 행동에 초점을 맞춰야 한다. 행동을 바꾸라고 충고하는 것이 태도를 바꾸라고 하는 것보다 훨씬 쉽다. 오래된 격언을 잊지 말아야 한다. 사람들에게 성격을 바꾸라고 할 수는 없다. 하지만 행동을 바꾸라고 말할 수는 있다.

　실제로 상사는 민감한 대화에 대처하는 자기만의 기술을 신임 팀장과 공유해야 한다. 나와 함께 일했던 한 팀장은 직원이 자신의 판단에 의문을 제기할 때마다 방어적 태도를 보였다. 그는 이런 행동이 자신의 이미지와 효율성을 떨어뜨린다는 사실을 잘 알고 있어, 자신이 흥분했을 때 달리 대응할 만한 몇 가지 기술을 알려주기를 바랐다. 그리고 "무슨 뜻인지 좀 더 자세히 말씀해주시겠어요?"와 같은 간단한 질문을 통해 신속하고 진지하게 대응하는 방법을 스스로 훈련했다. 이 간단한 기법을 통해 그는 생각을 정리하고, 방어적인 대화가 아니라 생산적인 대화를 나누는 데 필요한 시간을 마련할 수 있었다. 자기 상황에 깊이 몰입해 있을 때는 이런 기법을 생각해낼 수 없었다.

지금까지 살펴본 위임하기와 전략적으로 사고하기, 의사소통하기 등의 기술이 경영학 개론 내용과 비슷하다는 느낌이 들 수도 있다. 이는 사실이다. 하지만 신임 팀장들은 경력 초기에 관리의 가장 기본적인 요소 때문에 어려움을 겪는다. 그리고 이런 요소가 아주 기본적이기 때문에 신임 팀장을 관리하는 상사들은 당연하게 여기는 경우가 많다. 하지만 엄청나게 많은 사람이 이런 기술을 제대로 개발하지 못한다. 이 글을 쓰면서 내게는 한 가지 환상이 있었다. 핵심 기술을 습득하지 못해 어려움을 겪는 사람이 신임 팀장뿐이라고 착각한 것이다. 하지만 실제로는 모든 계층의 관리자가 이런 실수를 저지른다. 신임 팀장이 기본적인 기술을 개발하도록 지원하는 조직은 경쟁에서 상당한 우위를 점할 것이다.

캐럴 워커는 보스턴의 경영 컨설팅 회사 프리페어투리드의 대표다. 회사를 설립하기 전에는 보험 및 기술 업계에서 15년간 임원으로 근무했다. 《조직의 능력을 끌어올리는 인적자원관리On Managing People》(매경출판, 2015) 등을 집필했다.

팀장에게 필요한 관리의 기술

최고 성과를 낸 직원을 팀장으로 승진시켰다. 그런데 6개월이 지난 지금, 기대했던 유망주는 직원들로부터 존경받지 못하고 두려움에 떨며 심하게 추락하고 있다. 왜 그럴까?

아마도 그 직원의 기술적 역량을 높이 평가해 승진시키고는 혼자 알아서 관리 기술을 배우리라 기대했기 때문일 것이다. 하지만 그 신임 팀장은 다른 사람들에게 권한을 부여하는 일과 개인적 성취를 위해 노력하는 일의 차이와 같은 관리상의 진정한 어려움을 이해하지 못했다. 도움을 요청하기가 두려워 내면에서 해결책을 찾으려 했다. 그로 인해 팀의 사기는 급격히 떨어지고 생산성이 흔들렸다.

예전에 촉망받던 유망주를 구하려면 어떻게 해야 할까? 대부분의 신임 팀장이 실수를 저지르기 쉬운 대목, 즉 기본 기술인 위임하기와 전략적으로 사고하기, 의사소통하기 등을 정복하도록 도와줘야 한다.

위임하기

성과를 내야 한다는 압박감 때문에 신임 팀장은 통제력을 잃거나 다른 사람에게 과도한 부담을 줄까 봐 '자신이 직접 하는' 경우가 많다. 하지만 위임하지 못하면 직원들의 발전이 가로막히고, 그들이 불만을 품게 되어 업무에 몰입하지 않는다.

해결 방법

- 직원 개발이 재무 성과만큼 중요하다는 점을 설명한다.
- 모범을 보인다. 상사가 신뢰하고 권한을 부여하면 신임 팀장은 팀원들을 그렇게 대할 것이다.
- 직원의 강점을 활용하기 위해 작은 위험을 감수하도록 격려한다. 초기에 성공하면 자신감이 생길 것이다.
- 명확한 이정표를 활용해 복잡한 프로젝트를 단계별로 관리할 수 있도록 도와준다.

윗선의 지지 확보하기

대다수 신임 팀장은 상사와 협력 관계가 아니라 자신이 상사에게 종속된 관계라고 생각하는 경향이 있다. 나약해 보일까 봐 도움을 요청하지도 않는다. 하지만 이들이 상사를 중요한 지원 세력으로 여기지 않는다면 팀 내에서 자신도 그렇게 여겨지지 않을 것이다.

해결 방법

- 신임 팀장이 성공하기 위해서는 열린 마음으로 의사소통하는 것이 필수적이라는 점을 강조한다. 문제를 은폐하지 않도록 격려한다.
- 도움이 될 만한 다른 상사를 소개해준다.
- 정기 회의에서 직접 안건을 준비하게 한다. 이 과정은 신임 팀장이 생각을 정리하는 데 도움이 될 것이다.

자신감 보여주기

자신감이 없는 신임 팀장은 팀에 활력을 불어넣지 못한다. 흥분하거나 거만하거나 불안해하는 태도를 보이면 팀원들과 점점 더 멀어진다.

해결 방법

- 처신에 신경 써야 한다고 알려준다. 신임 팀장이 어떤 이미지를 보여주는지 계속 주시한다.
- 신임 팀장이 사무실이 아니라 사람들이 보이지 않는 곳에서 자신의 감정을 표현할 수 있게 한다.
- 최고 경영진이 요청했다는 이유만으로 계획을 추진하는 등 자기 권위를 훼손하지 않도록 조언해준다. 계획을 설득력 있게 제시하는 과정을 통해 단순히 메시지를 전달하는

데 그치는 것이 아니라 일을 주체적으로 실행하도록 이끌어준다.

큰 그림에 초점 맞추기

많은 신임 팀장이 문제를 해결하느라 전략적 계획을 추진하지 못한다. 눈앞에 닥친 급한 불을 끄면 생산적으로 일한다는 생각이 들 것이다. 하지만 자체적으로 어려움에 대처하거나 전략적으로 사고하는 방법을 배우지 못한다.

해결 방법

- 신임 팀장에게 앞으로 경력을 쌓아갈수록 전략적 사고가 더 많은 부분을 차지한다고 설명한다.
- 상기적이고 큰 그림에 초점을 맞추도록 돕는다. "6개월 이내에 영향을 미치리라 생각하는 시장 트렌드는 무엇인가?"와 같은 전략적 질문을 던진다.
- 전략적 목표와 이를 뒷받침하는 구체적인 실행 방안을 작성한 계획서를 요청한다.

건설적인 피드백 제공하기

대부분의 신임 팀장은 직원들의 성과가 부족할 때 지적하는 것을 두려워한다. 하지만 회피하면 팀원들의 신뢰를 잃는다.

해결 방법

- 건설적인 피드백을 제공하면 직원의 역량을 강화한다고 설명한다.
- 역할극은 성격이 아니라 행동에 관한 피드백이란 점을 명확히 한다.

강도 높은 업무 환경을
건강하게 관리하는 법

에린 리드, 락슈미 라마라잔

실리콘밸리에서 월스트리트, 런던에서 홍콩에 이르기까지 시간에 쫓기는 조직에 관한 이야기는 셀 수 없이 많다. 팀장들은 툭하면 부하직원에게 과중한 업무를 부여하고 업무 시간 외에도 연락하는가 하면 막판에 추가 업무를 요청하기 일쑤다. 이런 요구를 충족하기 위해 직원들은 일찍 출근해서 늦게 퇴근하고, 야근은 물론 주말까지 일하며, 24시간 내내 전자기기에 얽매여 있다. 이와 같은 요구에 응할 수 없거나 응할 의사가 없는 직원은 일반적으로 불이익을 받는다.

조직은 이런 운영 방식을 통해 직원들에게 사회학자가 말하는 이상적인 노동자ideal worker, 즉 업무에 전념하고 항상 대기하는 사람이 되라고 압박을 가한다. 특히 전문직과 관리직으로 이루어진 조직에서 널리 퍼져 있는 현상이다. 기술 스타트업과 투자은행, 의료기관에서도 심층적으로 연구된 바 있다. 이런 조직에서 외부와 소통하거나 조직 바깥에서 일어나는 일의 관리를 제안받는다는 것은 곧 현재 직무에 적합하지 않다는 신호다.

투자은행인 모건스탠리에서 고위 임원으로 재직 중인 카를라 해리스가 처음 입사했을 때 가장 두려워한 것도 이런 점이었다. 그는 세 장의 CD를 내고 수많은 콘서트를 펼칠 정도로 열정적인 가스펠 가수이기도 하다. 그러나 경력 초기에는 이 사실이 알려지면 피해를 입을까 봐 공개하지 않았다. 하지만 여러 연구 결과에 따르면 그의 걱정은 기우에 불과했다.

이상적인 노동자가 되려면 삶의 다른 부분, 즉 부모로서 역할(실제든 예상이든), 개인적 욕구, 심지어 건강보다 일을 우선시하는 선택을 계속해야 한다. 일을 앞세우는 선택에 따른 인적·물리적 대가가 체계적으로 기록되어 있는데도 압도적으로 많은 사람이 성공을 위해서는 자신과 주변 사람들이 이상적인 노동자의 길을 따라야 한다고 믿는다. 그래서 이와 같은 현실에 맞서기는커녕 이야기하는 것조차 꺼린다.

일에 대한 일반적인 믿음 때문에 사람들은 가끔 밤낮없이 일해야 한다는 압박을 줄이기 위해 조직의 정책 변화에 저항하기도 한다. 예를 들어, 전자제품 유통업체인 베스트바이Best Buy에서 성과에만 집중하고 장시간 근무를 줄이려고 시도했을 때 몇몇 팀장은 업무를 향한 사심 없는 헌신이 필요하다는 신념을 고수하며 주저했다.

이상적인 노동자가 되어야 한다는 압력은 누구나 익히 알고 있지만, 사람들이 이에 어떻게 대처하고 어떤 결과를 초래하는지는 별로 알려지지 않았다. 이상적인 노동자에 대한 기대치를 회사 문화에 반영하는 편이 유익할까? 개인 차원에서 이런 기대치를 충족할 필요가 있을까? 컨설팅과 금융, 건축과 기업가정신, 저널리즘과 교육 등 다양한 분야의 전문가 수백 명을 대상으로 실시한 인터뷰에 따르면 이상적인 노동자가 되는 것은 필요하지도, 유익하지도 않은 경우가 많다.

남자와 여자, 부모와 부모가 아닌 사람을 막론하고 대다수 직장인은 자신의 다른 측면을 어누르고 오로지 일에만 집중하기가 어렵다고 느낀다. 이들은 삶의 다른 부분을 어떻게 관리할지 고민하며 힘겹게 씨름한다. 이들이 찾아낸 해결책은 스트레스를 극복할 수 있게 해줄지 모르지만, 종종 심각하고 비생산적인 결과를 초래한다.

이 글에서는 사람들이 업무에 100퍼센트 집중해야 한다는 압박감을 관리하기 위해 일반적으로 사용하는 전략과 이런 전략이 개개인과 그들을 감독하는 사람, 근무하는 조직에 미치는 영향에 관해 설명할 것이다. 그리고 팀장의 소소한 변화를 통해 더 건강하고 궁극적으로 더 생산적인 조직 문화를 구축할 수 있는 길을 제시할 것이다.

고강도 업무 환경에서 살아남는 전략

연구 결과에 따르면 사람들은 업무 압박에 직면했을 때 흔히 3가지 전략 중 하나에 의존한다. 첫째, 압박이 심한 직장의 요구를 수용하고 순응한다. 둘째, 조용히 규범을 우회하는 방법을 찾아 이상적인 노동자로 위장한다. 셋째, 업무 영역 외의 관심사를 솔직히 드러내고 이를 포기하지 않으려는 의지를 보인다.

전략 1: 직장의 요구를 수용하기

많은 사람이 업무에 전념해야 한다는 압박감에 굴복하고 순응하는 방식으로 이를 관리한다. 실제로 한 컨설팅 회사에서는 인터뷰 대상자의 43퍼센트가 이 그룹에 속했다. 직장에서 성공하기 위한 탐색에서 '수용자'는 자신의 업무 정체성을 우선시하고, 자신이 어떤 사람인지에 관한 여러 의미 있는 측면을 희생하거나 상당 부분 억압한다. 여러 직종에 걸쳐, 인터뷰에 응한 사람들은 다소 후회되기는 하지만 시민 참여와 마라톤 달리기, 가족 생활에 깊이 몰두하고 싶은 꿈을 접었다고 말했다. 한 건축가는 다음과 같이 털어놓았다.

"저에게 디자인은 24시간 내내 하는 일입니다. 제가 설계하고 있는 프로젝트의 상사는 자정이든 오전 6시든 밤낮 가리지 않고 이메일을 보냅니다. 전혀 제 시간을 따로 계획할 수 없고, 오직 상사의 명령에 따라 움직여야만 합니다."

일이 즐겁고 보람 있을 때는 수용 전략이 도움이 될 수 있다. 이를 통해 사람들은 일에서 성공하고 발전을 꾀할 수 있다. 그러나 삶의 다른 모든 요소를 배제하는 직업적 정체성은 사람들이 일에 따르는 위협에 더욱 취약해지게 만든다. 심리적으로 달걀을 한 바구니에 담아두기 때문이다. 수용자들은 실직하거나 좌절했을 때 삶의 다른 부분까지 시들어버리기 때문에 유독 대처하기 어려워한다. 일을 가장 중요한 존재 이유로 여기기 때문에 일이 잘 풀릴 때는 성취감을 느낄 수 있지만 길게 봤을 때는 취약해진다.

이상적인 노동자 문화를 받아들이는 사람들은 그렇지 않은 사람들을 이해하기 힘들어한다. 결과적으로, '수용자'는 조직에서 24시간 내내 근무해야 한다는 압박의 주요 원인이 되기도 한다. 이들은 사무실 밖에서의 삶도 중요하게 여기는 사람들을 관리하는 데 애를 먹는다. 한 선임 컨설턴트는 자신이 함께 일하고 싶은 직원의 유형을 설명하면서 다음과 같이 말했다.

"잠자리에 들어서도 '내일 회의에서 뭘 하게 될까?' 생각하는 사람이었으면 좋겠어요. 저도 그러니까요."

그러나 수용자는 조직의 기대에 맞추려 노력하는 사람에게도 좋은 멘토 역할을 하지 못한다. 수용자가 업무에 너무 몰두하면 후배 동료는 이런 상사의 시간과 관심을 차지하기 어려울 수 있다. 한 컨설턴트는 이렇게 말한다.

"수용자는 방법도 모르고 게임에 참여하는 것이 다른 사람에게 얼마나 큰 스트레스를 주는지 이해하지 못합니다."

그 결과, 수용자는 종종 후배 동료들의 발전에 대해 알아서 하라는 접근 방식을 취한다.

전략 2: 이상적인 노동자로 위장하기

또 다른 이들이 택한 전략은 업무 외적 활동에 시간을 할애하면서도 조직의 눈에 띄지 않게 위장하는 것이다. 이 컨설팅 회사에서는 연구 참여자의 27퍼센트가 이 그룹에 속했다. '위장'은 원래 사회학자 어빙 고프먼Erving Goffman이 사용한 용어로, 자신에게 불리하게 작용하거나 자신을 차별 대상이 되게 하는 (신체적 장애나 인종과 같은) 개인적 특성을 숨기려는 행위를 뜻한다. 이상적인 노동자로 위장한 컨설턴트는 24시간 근무 문화를 진정으로 수용한 동료들과 마찬가지로 높은 성과 평가를 받았으며, 동료들은 이 컨설턴트를 '항상 일할 준비가 된' 사람으로 인식했다.

다양한 직군의 사람들이 위장하는 방법을 개발하고 있으며, 이를 위한 전략도 무척 다양하다. 예를 들어, 컨설턴트 중에는 지역 산업에 집중해 최소한의 출장 시간으로 서비스를 제공할 수 있는 고객만 담당함으로써 삶의 다른 영역을 위한 공간을 확보하는 이들도 있다. 한 컨설턴트는 계속 이상적인 노동자로 보이면서도 연애를 유지하고 아마추어 운동선수로 활동하는 시간을 마련한 비결을 설명했다.

"여행은 원래 혼자 있는 시간에 해야죠. 그래서 저는 '지역 기업'과만 일해요. 거래처가 모두 근처에 있어, 저는 차를 타고 다닙니다."

다른 컨설턴트도 지역 고객과만 일하고, 근무 시간을 줄이기 위해 재택근무를 자주 활용했다. 그는 또 다른 핵심 도구로 자신의 행방에 대한 정보를 통제하는 방법을 사용했다. 지난 한 주 동안 개인적인 시간을 한 번도 요구하지 않고 매일 스키를 탔다면서 자랑스럽게 보고하기도 했다. 하지만 회사의 선배 동료들은 그를 다른 사람보다 훨씬 열심히 일하는 유망주라고 평가했다.

위장하는 사람들의 또 다른 성공의 열쇠는 현지에 머무르지 않고 원거리를 활용하는 방법이다. 어느 기자는 명망 있는 신문사에서 지역 취재 업무를 맡게 되어 재택근무를 하면서 가족과 시간을 보낼 수 있다고 설명했다. 그리고 자녀가 잠자리에 든 저녁 시간에 기사를 작성함으로써 내내 이상적인 근로자라는 평판을 유지했다고 덧붙였다. 그는 웃으면서 이렇게 말했다.

"저는 본사에서 수백 킬로미터 떨어진 곳에 있었기 때문에 아무도 제가 어디에 있는지 몰랐어요. 그 지역에서 일하는 사람은 저 혼자뿐이었죠."

이런 위장 방법을 사용하면 까다로운 조직 문화 아래서도 일에 시간을 전부 바치지 않고 살아남을 수 있지만, 대신 위장하는 사람들은 동료와 상사, 부하직원에게 자신의 일부를 숨겨야 한다는 심리적 대가를 치른다. 인간에게는 자신을 표현하고 다른 사람에게 알리고 싶은 욕구가 있다. 직장에서 자신의 정체성에 대한 중요한 부분을 공유할 수 없을 때 사람들은 일에 대한 몰입도가 떨어질 뿐 아니라 불안해하며 스스로 가식적이라고 느낀다.

이런 감정은 조직에도 실질적인 대가를 치르게 한다. 연구 결과에 따르면 시간이 지남에 따라 위장하는 이들의 이직률이 상대적으로 높았다. 이 결과를 통해 단기적으로는 위장하면서 버틸 수 있을지 몰라도 장기적으로는 동료들에게 자신의 핵심적인 면을 숨기면서 업무를 지속하기가 어렵다는 것을 알 수 있다.

또한 이상적인 노동자로 위장한 사람들은 다른 사람을 관리하는 데 문제를 일으킬 수도 있다. 위장을 이용하는 사람들은 다른 이들에게 이상적인 노동자 이미지를 따르라고 장려하지는 않지만, 때로는 그 수준을 넘어 부하직원에게 위장 혹은 다른 사람들을 효과적으로 속이는 방법을 사용하라고 조언하기도 한다. 24시간 내내 근무하라는 회사의 요구에 공개적으로 저항하라고 제안하는 것도 마찬가지다. 앞으로 살펴보겠지만, 이 경우 저항하는 사람들의 경력에 차질이 생길 가능성이 크다. 위장하는 이들이 조직 내 대부분의 사람은 항상 일하기를 원한다고 생각하는 점도 문제를 악화시킨다. 자기는 위장했지만, 직원들에게는 위장하라고 조언하지 않는다는 어느 고위 임원은 이렇게 말했다.

"나는 '내 직원들이' 행복해지기를 바라지만, 그들이 일을 많이 해서 행복을 얻는다면 그것은 내가 판단할 문제가 아니죠."

위장의 미묘하고 파괴적인 측면은 위장이라는 전략을 택한 사람들이 이상적인 직장 문화에 공개적으로 도전하지 않음으로써 그런 문화가 지속되도록 내버려둔다는 점이다. 이들의 실적은 사람들이 성공하기 위해 워커홀릭이 될 필요가 없다는 사실을 증명하지만, 조직에서는 워커홀릭만이 성공한다고 주장하며 이 주장에 따라 업무를 설계하고 측정한다.

업무 외 관심사를 드러내기

누구나 위장을 원하거나 그렇게 할 수 있는 것은 아니다. 처음에는 위장하던 사람이 시간이 지남에 따라 이 전략에 좌절감을 맛보기도 한다. 이런 사람들은 삶의 다른 부분을 공개적으로 공유하고 일정을 단축하거나 기타 공식적인 편의를 제공하는 등 업무 구조의 변화를 요청한다. 이 컨설팅 회사에서 인터뷰에 응한 사람 중 30퍼센트가 이 전략을 추구했다.

이상적인 노동자가 되어야 한다는 압박에 저항하는 사람들은 주로 가정이 있는 여성이라고 예상하기 쉽지만, 우리 연구에서는 성별에 따른 차이가 크지 않았다. 컨설팅 회사의 데이터에 따르면 여성은 절반 미만이 '드러내는 사람'인 반면, 남성은 4분의 1 이상이 이에 해당하는 것으로 밝혀졌다.

드러내기 전략에는 동료들에게 자신을 충분히 알린다는 확신이 따른다. 위장을 택한 사람은 누릴 수 없는 이점이다. 하지만 드러내기가 오히려 경력에 치명적인 결과를 초래할 수 있다. 컨설팅 회사의 성과 평가 및 승진 데이터에 따르면 드러내는 사람은 상당한 불이익을 받는다. 예를 들어, 한 컨설턴트는 육아 휴직을 신청했을 때 일을 최우선 순위로 삼지 않겠다는 의사를 밝혔다. 아내가 임신 8개월째였기에 그는 곧 아빠가 될 예정이었다. 이를 위해 임시 휴가를 요청했던 그는 곧 자신의 헌신에 의문을 품게 됐다.

"파트너 중 한 명이 제게 이렇게 말했어요. '당신에게는 선택권이 있어요. 프로가 될 건가요, 아니면 그냥 그 분야에서 평범한 사람이 될 건가요? 프로가 되기 위해서는 당신에게 일보다 더 중요한 게 있어서는 안 돼요. 세계 정상에 오르려면 모든 걸 쏟아부어야죠.'"

이런 식으로 조직 문화에 따르지 않는다고 제재를 가하면, 제재를 받은 직원은 억울함과 분노를 느낀다. 결과적으로 직원들이 일에 전념하도록 동기를 부여하기보다 더 나은 직장을 찾아 조직을 떠나게 할 수도 있다.

업무 외 관심사를 솔직히 공개해 불이익을 경험한 사람은 다른 사람들을 관리하기 어려워할 수 있다. 위장하는 사람과 마찬가지로, 드러내는 사람 역시 부하직원에게 이상적인 노동자의 압력을 받아들이도록 독려하는 데 어려움을 겪을 수 있다. 그 대가를 직접 겪었기 때문에 저항하라고 조언하기를 주저할지도 모른다.

직원의 업무와 사생활의 경계를 존중하라

연구에 따르면 직원이 일과 사생활의 경계를 자유롭게 설정할 경우 조직 참여도가 올라가며 직장 내 관계가 개방적으로 변하고, 성공할 수 있는 가능성도 더 높아진다. 팀장이 높은 성과를 포기하지 않으면서도 '이상적인' 노동자의 의미를 좀 더 풍부하게 정의하기 위해 취할 수 있는 3가지 단계를 간략하게 설명한다. 이런 변화를 꼭 조직 내 고위 임원이 추진할 필요는 없다. 팀 수준에서도 효과적으로 구현할 수 있다.

자기만의 다면적 정체성을 개발한다

리더 자리에 있는 사람이 시민적 자아와 운동선수적 자아, 가족 지향적 자아 등 업무 외적 정체성을 의도적으로 육성하면, 이상적인 노동자의 규범을 맹목적으로 받아들일 때 발생하는 취약성을 피할 수 있다.

한 건축가는 오로지 일의 관점에서만 자신을 정의했을 때 직업적 어려움과 좌절감 때문에 비참했다고 말했다. 그런데 역설적으로 그는 관심의 폭을 넓힌 덕분에 더 큰 직업적 성취감을 얻었다. 이처럼 팀장의 회복 탄력성이 높아지면, 삶의 균형이 잘 잡힌 직원이 조직에 더 큰 가치를 창출한다는 사실을 알게 될 것이다.

팀장은 직원의 외부 활동이 직장에 가져다주는 장점을 강조하면서 조직의 규범을 바꿔나갈 수 있다.

최근 다른 기업과 합병한 회사의 한 컨설턴트는 새로 합류한 동료 중에서 오후 5시 30분이 넘도록 사무실에 남아 있는 사람이 한 명도 없다는 사실을 알았다. 이런 상황에 대해 묻자 다음과 같은 답변이 돌아왔다.

"우리는 직원들이 깨어 있는 시간 전부를 직장에서 보내기를 바라지 않아요. 직원들이 다재다능한 사람이 되고, 호기심을 안고 세상 밖으로 나가 다양한 것을 보면서 업무에 활용할 수 있는 다채로운 경험을 하기를 바랍니다."

예를 들어, 지역 정치활동이나 자녀의 학교에서 자원봉사를
하는 등 외부 활동을 하는 사람들은 사무실에 갇혀 시간을 보낸
다면 불가능한 경험과 전문 지식, 네트워크를 얻는다.

고강도 업무 환경에서 살아남기

이타적인 헌신을 중시하는 조직에서 자신을 관리하는 완벽한 전략 같
은 것은 없다. 하지만 자신의 성향을 파악하고 그에 따른 위험을 이해
하며 가능한 한 위험을 완화하는 방법을 안다면 유용할 것이다. 이런
방법을 시도하려면 저녁에 동료가 보낸 이메일에 어떤 식으로 응답하
는 경향이 있는지 생각해보고 다음 표를 읽어보라.

대응	전략	동기 부여	주의해야 할 위험	변화하기
신속한 개입 항상 응답하고, 요청이 있는 경우 바로 일을 시작한다 (예를 들어, "5분 안에 갖다드릴 게요"). 저녁 약속을 거의 잡지 않는다.	수용하기	기대와 보상이 있기 때문에 일에 온전히 자신을 바친다.	• 쉽게 지치거나 좌절했을 때 회복이 더딜 수 있다. • 다른 사람을 멘토링하고 유능한 직원의 발전을 도모하는 데 어려움을 겪을 수 있다.	• 삶의 다른 측면을 위한 시간을 따로 확보한다. • 부하직원이 일을 최우선 순위로 삼을 거라고 기대하지 않는다. • 다양한 일의 방식을 열린 마음으로 대한다.

집중하는 척 가장하기 대응하면서 일하고 있다는 인상을 준다(예를 들어. "지금 작업 중입니다. 몇 시간 정도 걸릴 것 같습니다"라고 한다). 저녁 약속을 잡고 지키려 하지만 좀처럼 언급하지 않는다.	위장하기	삶의 다른 측면을 유지하는 동시에 경력을 보호하려 노력한다.	• 직장에서 친밀한 관계를 쌓지 못할 수 있다. • 이상적인 노동자의 신화가 계속 이어지게 할 수 있다.	• 선별한 동료에게 상황을 솔직하게 털어놓아 스스로 더 잘 알려진다는 느낌을 받고, 동료가 사생활을 희생해야 한다고 느끼지 않도록 한다. • 외부 활동이 성과에 지장을 주지 않는다는 점을 명확히 한다.
다음 날 후속 조치 긴급한 일이 아닐 경우에는 계획을 변경하지 않는다(예를 들어. "지금 공연을 보고 있어요. 내일 연락할게요"). 그날 저녁에 응답하지 않을 수도 있다.	드러내기	인간관계에서 개방적인 태도를 취하길 바라며 조직이 변화해야 한다고 생각한다.	• 경력에 해가 될 수 있다. • 변화를 추진하는 데 필요한 신뢰성을 희생할 수 있다.	• 일에 대해 논의할 때는 노력이 아니라 결과를 강조한다. • 다른 사람들이 자기 행동에 대해 솔직하게 이야기해 직장 내 규범을 바꾸도록 독려한다.

시간 기반 보상을 최소화한다

위장 전략을 선택하는 직원이 그렇게 행동하는 이유는 부분적으로 결과물의 질보다 얼마나 오래 일하는지(또는 그렇게 보이는지) 평가하는 경우가 일반적이기 때문이다.

이런 경향은 종종 은밀하거나 때로는 은밀하지 않은 신념과 관행으로 더욱 강화된다. 예를 들어, 한 선임 컨설턴트는 성공적인 컨설턴트란 '하이파이브 요소high-five factor'를 갖춰야 한다고 주장한다. 이런 사람들은 고객과 현장에서 긴 시간 함께 보냈기 때문에 고객사의 건물에 들어서면 직원들이 그들에게 하이파이브를 한다는 것이다.

한 회사에서는 1년 동안 비행기를 가장 많이 탄 사람에게 상을 주었다. 이렇게 업무 성과보다 업무 시간을 더 중시하면 사람들에게 얼마나 긴 시간 일했는지 속이도록 동기를 부여하는 셈이 된다. 특히 지식 기반 업무를 평가하기 어려워하는 전문가들이 빠지기 쉬운 함정이다.

따라서 이런 경우에는 팀장에게 직원들이 투자한 시간보다 목표 달성에 집중하고 실질적인 성과를 측정하도록 장려해 위장에 대한 인센티브(그리고 이를 드러내는 데 드는 비용)를 줄이라고 제안한다.

예를 들어, 팀장은 고객과 함께 보낸 시간을 기준으로 하이파이브 요소를 평가하는 대신, 제공한 조언의 질이나 확보한 반복

참여 횟수를 기반으로 직원을 칭찬할 수 있다. 또한 팀장은 고객과 합리적인 기대치를 설정함으로써 시간 기반 보상에서 벗어날 수 있다.

다른 정책도 훨씬 쉽게 바꿀 수 있다. 인터뷰에 응한 한 직원은 지금 상사는 야근을 비효율적으로 일하는 신호로 여겨 야근하지 못하게 하는 등 이전 상사와 다르다고 말했다. 또 다른 직원은 상사가 마감 시간을 직접 현실적으로 정하도록 요구한다고 언급했다.

이런 자율성이 주어지면 자율성이 없을 때 위장하거나 드러내는 전략을 택했던, 성과가 뛰어난 직원들이 일에 헌신할 가능성이 커진다.

직원의 사생활을 보호하라

대부분의 조직은 직원에게 업무와 업무 외 생활의 경계를 설정하도록 맡긴다. 대체로 좋은 의도에서다. 예를 들어, 넷플릭스Netflix에서 직원들에게 무제한 휴가를 제공했을 때 팀장들은 그들이 직원을 '어른'처럼 대한다고 생각했다.

그러나 직원들에게 완전한 자유를 제공하면 자신의 선택이 헌신적이지 않다는 신호로 보일까 봐 더 큰 두려움을 느낄 수 있다.

명확한 방향성이 없으면 수많은 직원이 계속 이상적인 노동자에 대한 기대치를 충족하려 애쓰면서 더 균형 잡힌 삶을 살려는 욕구를 억누를 것이다.

팀장은 그동안 유지해오던 틀을 바꾸고 직원의 업무 외 시간과 정체성을 적극적으로 보호함으로써 이런 현실을 바꿀 힘이 있다.

예를 들어, 팀장은 일부 직원뿐 아니라 모든 직원에게 필수 휴가와 정기 휴가, 합리적인 근무 시간 등을 제도로 정착시킬 수 있다. 단순히 휴식 시간을 요청할 수 있는 옵션을 제공하는 것이 아니라, 과도한 업무량과 종잡을 수 없고 극단적인 근무 시간을 요구하지 않겠다고 확고하게 약속하면 직원들이 다른 부분에 집중하는 데 도움이 될 것이다.

* * *

이상적인 노동자가 되어야 한다는 압박이 그 어느 때보다 높다. 하지만 개인과 고용주 양쪽 모두가 치르는 대가도 녹록지 않다. 게다가 이상적인 인재로 위장할 수 있는 사람들의 경험에 따르면 조직의 성공을 위해서 초인적인 헌신이 꼭 필요한 것은 아니다.

리더는 직원 정체성의 모든 측면을 소중히 여기고, 근무 시간 대신 업무 성과로 평가하며, 직원의 사생활을 보호함으로써 조직의 구조에 파고든 이상적인 노동자의 신화를 깨뜨릴 수 있다. 그러면 직원들의 회복 탄력성과 창의성, 업무 만족도가 향상될 것이다.

에린 리드는 보스턴대학교 퀘스트롬 경영대학원 조교수다.

락슈미 라마라잔은 하버드 경영대학원 부교수다. 주로 리더십, 조직행 동학을 비롯해 다양한 임원 교육 프로그램을 가르친다.

부하직원의 사생활을 존중하며
팀 성과 내기

맥락

사람들이 업무에 온전히 전념할 거라는 기대는 그 어느 때보다 높지만, 고강도 업무 환경에서 사람들은 대부분 이런 이상을 따르지 않는다.

문제

직원들이 비현실적인 기대에 대처하기 위해 사용하는 전략은 종종 직원 자신과 조직에 해를 끼치는 것으로 밝혀졌다.

해결책

이제는 '이상적인' 노동자를 재정의해야 한다. 개개인이 자신의 복잡하고 다층적인 정체성을 억누르라는 압박을 받지 않으면 직원들은 일에 더욱 몰두해 생산성이 높아지고, 조직은 더욱 큰 성공을 거둘 것이다.

무엇이
진정한 리더를 만드는가

대니얼 골먼

사업가라면 누구나 무척 똑똑하고 경험이 풍부한 임원이 경영진으로 승진해서 그 역할을 제대로 수행하지 못한 이야기를 들어보았을 것이다. 견실하지만 비범하지 않은 지적 능력과 기술력을 갖춘 사람이 비슷한 직책으로 승진한 후 급부상한 사례에도 익숙하다.

이런 일화는 널리 퍼진 믿음을 뒷받침한다. 리더가 되기에 '적합한 자질'을 갖춘 사람을 찾아내는 일은 예술에 가깝다. 어찌 되었든 훌륭한 리더의 개인적 스타일은 다양하다. 어떤 리더는 차분하고 분석적인 반면, 어떤 리더는 산 정상에서 선언문을 외치기도 한다.

상황마다 다른 유형의 리더십이 필요하다는 점도 중요하다. 합병 때는 대체로 사려 깊은 협상가가 주도권을 잡아야 하지만, 혁신 시기에는 보다 강력한 권한이 필요하다.

하지만 매우 뛰어난 리더들에게는 한 가지 중요한 공통점이 있다. 바로 감성지능이라고 알려진 높은 수준의 감성적 능력이다. IQ와 기술적 능력은 리더십과 크게 관계가 없다. 물론 두 가지 다 중요하지만, 주로 '기본 역량'으로서다. 즉, 임원급에 필요한 전제 조건에 불과하다. 하지만 최근의 여러 연구 결과를 종합해보면 감성지능이 리더십의 필수 요소라는 사실을 분명히 알 수 있다. 세계 최고 교육을 받고 예리하고 분석적인 사고방식을 갖춘 데다 끝없이 현명한 아이디어가 쏟아져 나와도, 감성지능이 없으면 훌륭한 리더가 될 수 없다.

지난 한 해 동안 나는 동료들과 함께 직장에서 감성지능이 어떻게 작동하는지 집중적으로 연구했다. 특히 리더의 감성지능과 효율적인 성과의 상관관계를 조사했다. 그리고 감성지능이 업무에서 어떻게 나타나는지 관찰했다. 예를 들어, 누군가의 감성지능이 높은지 어떻게 알 수 있으며, 자기 자신의 감성지능은 어떻게 알아볼 수 있을까?

이 글에서는 감성지능의 구성 요소인 자기인식과 자기조절, 동기 부여와 공감, 그리고 사회적 기술을 다루면서 이런 질문을 깊이 살펴볼 것이다.

오늘날 대기업은 대부분 숙련된 심리학자를 고용해 리더십 분야에서 스타급 인재를 발굴하고 훈련을 거쳐 승진시키는 데 도움을 주는 '역량 모델'을 도입하고 있다.

심리학자들은 하위 직급을 위한 모델 역시 개발했다. 최근 몇 년 동안 188개 기업의 역량 모델을 분석했는데, 분석 대상 기업 대다수는 루슨트테크놀로지스Lucent Technologies, 영국항공British Airways, 크레디트스위스Credit Suisse와 같은 세계적 기업이었다.

이 작업을 수행한 목적은 이런 조직 내에서 어떤 개인적 역량이 뛰어난 성과를 이끌어내는지, 그리고 그 역량이 어느 정도인지 파악하기 위해서였다. 회계 및 사업계획과 같은 순수한 기술적 능력, 분석적 추론과 같은 인지적 능력, 다른 사람과 협력하는 능력이나 변화를 주도하는 효율성 등 감성지능을 보여주는 능력, 이렇게 3가지 범주로 역량을 분류했다.

일부 역량 모델을 만들기 위해 심리학자들은 기업의 임원들에게 조직에서 가장 뛰어난 리더를 대표하는 역량을 파악해달라고 요청했다. 다른 모델을 만들기 위해 심리학자들은 부서의 수익성과 같은 객관적 기준을 사용해 조직 내 고위 직급에서 뛰어난 성과를 내는 사람을 평균적인 성과를 내는 사람과 구분했다. 그런 다음 이들을 대상으로 광범위한 인터뷰와 테스트를 시행해 각각의 역량을 비교했다. 이 과정을 거친 뒤 대단히 효율적인 리더가 갖춰야 할 요소가 포함된 목록을 만들었다. 목록은 7~15개 항목으로 구성되었으며, 주도성과 전략적 비전 등의 요소가 포함되었다.

데이터 분석 결과는 놀라웠다. 지적 능력이 뛰어난 성과를 내는 원동력이 되는 것은 분명했다. 특히 큰 그림을 그리는 사고와 장기적 비전과 같은 인지 능력이 중요했다. 하지만 뛰어난 성과를 내는 기술력과 IQ, 감성지능의 비율을 계산해보니 어떤 직급에서든 감성지능이 다른 능력보다 두 배 더 중요한 것으로 나타났다.

또 다른 분석에 따르면 회사에서 높은 직급으로 올라갈수록 단순한 업무 능력의 차이는 무시해도 될 만한 수준인 반면, 감성지능은 점점 더 중요한 역할을 하는 것으로 나타났다. 즉, 스타급 성과를 내는 사람은 직급이 높을수록 감성지능이 능력 향상에 영향을 미치는 경우가 더 많았다. 고위 임원 중 뛰어난 성과를 내는 사람과 평균적인 성과를 내는 사람을 비교한 결과, 인지 능력에는 별 차이가 없고 감성지능 요인에서 90퍼센트의 차이가 나타났다.

다른 연구진도 감성지능은 뛰어난 리더의 특징일 뿐 아니라, 감성지능이 성과와 강력하게 연결된다는 사실 또한 입증했다. 인간 및 조직행동 분야의 저명한 연구자 고故 데이비드 매클렐

직장에서의 감성지능 5가지 요소

	정의	특성
자기인식	• 자신의 기분과 감정, 동기를 인식하고 이해하며, 그런 면이 다른 사람에게 미치는 영향을 이해하는 능력	• 자신감 • 현실적인 자기 평가 • 자조적인 유머 감각
자기조절	• 파괴적인 충동과 기분을 조절하거나 방향을 전환하는 능력 • 판단을 유보하고 행동하기 전에 생각하는 성향	• 신뢰성과 성실성 • 모호함에 대한 편안함 • 변화에 대한 개방성
동기 부여	• 돈이나 지위 너머의 이유로 일하고자 하는 열정 • 에너지와 끈기를 품고 목표를 추구하는 성향	• 성취를 향한 강한 추진력 • 실패에 굴하지 않는 낙관적인 태도 • 조직을 향한 헌신
공감	• 다른 사람의 감정적 구성을 이해하는 능력 • 다른 사람의 감정적 반응에 따라 그 사람을 대하는 기술	• 인재 확보 및 유지에 대한 전문성 • 문화 간 감수성 • 고객 및 고객 관련 서비스
사회적 기술	• 관계 관리 및 네트워크 구축에서의 전문성 • 공통점을 찾고 관계를 구축하는 능력	• 변화를 주도하는 효율성 • 설득력 • 팀 구축 및 주도하는 전문성

런드David McClelland의 연구가 대표적인 예다. 1996년 한 글로벌 식음료 회사를 대상으로 한 연구에서 매클렐런드는 관리자

가 높은 감성지능을 갖춘 경우, 해당 부서에서 연간 수익 목표를 20퍼센트 초과 달성했다는 사실을 발견했다. 반면, 감성지능이 낮은 부서장들은 실적이 20퍼센트 정도 저조한 것으로 나타났다. 흥미롭게도 매클렐런드의 연구 결과는 미국 본사뿐 아니라 유럽 및 아시아 지사에서도 동일하게 나타났다.

다시 말해, 기업의 성공과 리더의 감성지능 간 연관 관계가 수치로 드러나기 시작했다. 올바른 접근 방식을 취하면 누구나 감성지능을 개발할 수 있다는 연구 결과가 나온 점도 이에 못지 않게 중요하다(111쪽 '감성지능은 배울 수 있는가?' 참조).

자신의 가치와 목표를 아는 자기인식 능력

자기인식은 감성지능의 첫 번째 구성 요소다. 수천 년 전 델포이 신탁에서 "너 자신을 알라"라고 조언했듯이, 자기를 아는 것은 무척 중요하다. 자기인식이란 자신의 감정과 강점, 약점과 욕구, 동기를 깊이 이해하는 것을 뜻한다. 자기인식 능력이 높은 사람은 지나치게 비판적이지도 않고, 비현실적인 희망을 품지도 않으며, 자신과 타인에게 솔직하다.

자기인식 능력이 뛰어난 사람은 자기감정이 자신과 다른 사람, 업무 성과에 어떤 영향을 미치는지 잘 알고 있다. 따라서 자

감성지능은 배울 수 있는가?

오랫동안 사람들은 리더가 타고나는지 혹은 만들어지는지를 두고 논쟁을 벌여왔다. 감성지능에 대한 논쟁 역시 마찬가지다. 예를 들어, 사람들은 특정 수준의 공감 능력을 타고날까, 아니면 경험을 통해 습득할까? 둘 다 옳은 이야기다. 과학적 연구 결과에서는 감성지능에 유전적 요소가 있다는 점을 강력하게 암시한다. 심리 및 발달 연구에 따르면 양육도 감성지능에 중요한 역할을 한다. 각 요소가 얼마나 영향을 미치는지는 결코 알 수 없지만, 연구와 실제 사례에서는 정서지능이 학습될 수 있음을 분명히 보여준다.

한 가지 확실한 점은, 감성지능은 나이가 들면서 증가한다는 것이다. 이 현상을 일컫는 오래된 단어가 있다. 바로 '성숙'이다. 그러나 어떤 사람들은 성숙한 뒤에도 여전히 감성지능을 향상시키기 위한 훈련이 필요하다. 하지만 안타깝게도 감성지능을 포함한 리더십 기술을 키우는 교육 프로그램이 너무 많아 시간과 돈이 낭비되고 있다. 문제의 핵심은 간단하다. 여러 프로그램에서 뇌의 잘못된 부분에 초점을 맞추기 때문이다.

감성지능은 주로 감정과 충동, 동기를 관장하는 뇌의 변연계 신경전달물질에서 비롯된다. 연구에 따르면 변연계는 동기 부여와 장시간 연습, 피드백을 통해 가장 잘 학습한다. 이 학습을 분석 및 기술 능력을 관장하는 신피질에서 일어나는 학습과 비교해보자. 신피질에서는 개념과 논리를 파악한다. 신피질은 컴퓨터를 사용하거나 책을 통해 영업 전화를 거는 방법을 알아내게 하는 뇌의 일부다. 자연스럽게(하지만 잘못된 방식으로) 신피질은 감성지능을 증진하기 위한 대부분의 교육 프로그램에서 목표로 삼는 뇌 부위가 되었다. 럿거스대학교 산하 조직 내 감성지능에 관한 연구 컨소시엄과 함께 진행한 내 연구에 따르면 감성지능을 키우려는 프로그램에서 실제로 신피질에 초점을 맞추는 접근 방식을 취하는 경우 그 프로그램이 사람들의 업무 성과에 부정적 영향을 미칠 수 있다는 사실이 밝혀졌다.

감성지능을 증진하려면 조직에서는 교육에 변연계를 포함하도록 다시 초점을 맞춰야 한다. 사람들이 오래된 행동 습관을 깨고 새로운 행동 습관을 형성하도록 도와야 한다. 이를 위해서는 기존 교육 프로그램보다 시간이 훨씬 더 많이 걸릴 뿐 아니라, 개별화된 접근 방식이 필요하다. 한 임원이 동료들로부터 공감 능력이 부족하다는 평가를 받는다고 가정해보자. 공감 능력이 부족하다는 결함의 일부는 경청하지 못하는 태도에서 드러날 것이다. 다른 사람의 말을 가로채거나 상대방의 말에 주의를 기울이지 않는 것이다. 이 문제를 해결하려면 임원에게 변화할 동기가 있어야 하고, 꾸준히 연습하면서 회사 내 다른 사람들로부터 피드백을 받아야 한다. 동료나 코치는 그가 경청하지 않는 모습을 발견하면 그에게 알려줄 수 있다. 그런 다음 같은 상황을 되풀이하면서 더 나은 답변, 즉 다른 사람의 말을 흡수할 수 있는 능력을 보여주는 연습을 하게 한다. 경청을 잘하는 특정 임원들을 관찰하고 그들의 행동을 모방하도록 지시할 수도 있다.

계속 인내하고 연습하면 이와 같은 연습을 통해 자신이 원하는 결과를 얻을 수 있다. 월스트리트에서 일하는 한 임원은 공감 능력, 특히 사람들의 반응을 읽고 그들의 관점을 파악하는 능력을 향상하려고 노력했다. 그가 이 노력을 시작하기 전에는 부하직원들이 함께 일하기를 두려워했다. 심지어 그에게 나쁜 소식을 숨기려고까지 했다. 뒤늦게 이런 사실을 알았을 때 그는 당연히 충격을 받았다. 가족들도 그가 직장에서 들은 내용을 확인시켜줄 뿐이었다. 특정 주제에 대한 의견이 그와 일치하지 않을 때면 가족들 역시 그를 두려워했다.

이 임원은 코치의 도움을 받아 연습과 피드백을 통해 공감 능력을 키우기 위해 노력했다. 첫 번째 단계는 언어가 통하지 않는 외국으로 휴가를 떠나는 것이었다. 그곳에서 그는 낯선 사람에 대한 반응과 자신과 다른 사람에 대한 개방성을 모니터링했다. 해외에서 한 주를 보내고 겸허해진 모습으로 돌아온 그는 일주일에 몇 번, 하루 중 일정 시간 동안 코치에게 새롭거나 자신과 다른 관점을 가진 사람들을 그가 어떻게 대하는지 평가해달라고 요청했다. 동시에 그는 의식적으로 업무 중 상호작용을, 그의 생각과 다른 아이디어를 '듣는' 연습 기회로 활용했다. 그리고 이 임원은 자신이 회의하는 모습을 비디오로 녹화해서 함께 일하는 사람들에게 타인의 감정을 인정하고 이해하는 그의 능력을 평가해 달라고 요청했다. 몇 개월 노력한 결과 그의 감성지능은 상승했고, 개선 효과가 전반적인 업무 성과에 반영되었다.

진심 어린 열망과 꾸준한 노력 없이는 감성지능을 키울 수 없다. 짧은 세미나를 듣는 것은 도움이 되지 않으며, 매뉴얼을 구입하는 것도 마찬가지다. 회귀 분석에 능숙해지기보다 공감하는 법을 배우는 것, 즉 사람에 대한 자연스러운 반응으로서 공감하는 법을 습득하기가 훨씬 어렵다.

하지만 노력하면 가능하다. 랠프 월도 에머슨Ralph Waldo Emerson은 "열정 없이는 그 어떤 업적도 이루어지지 않았다"라고 말했다. 진정한 리더가 되고자 하는 사람은 에머슨의 이 말을 높은 감성지능을 개발하기 위한 노력의 이정표로 삼아야 할 것이다.

기인식이 뛰어나며 촉박한 마감일이 자기에게 최악의 상황을 불러온다는 사실을 알고 있는 사람은 시간을 신중하게 계획하고 업무를 미리 완수한다. 자기인식이 높은 사람은 까다로운 고객과도 일을 잘할 수 있다. 고객이 자기 기분에 미치는 영향과 고객을 실망하게 하는 심층적인 이유를 이해할 것이기 때문이다. 그는 이렇게 설명할 것이다.

"고객의 사소한 요구 때문에 정작 해야 할 일에서 멀어지기도 하죠."

그리고 한 걸음 더 나아가 자신의 분노를 건설적인 형태로 바꿀 것이다.

자기인식은 자신의 가치와 목표를 이해하는 것으로 확장된다. 자기인식이 높은 사람은 자신이 어디로 가고 있는지, 왜 가고 있는지 잘 알고 있다.

그래서 예를 들면 금전적으로 구미가 당기지만 자신의 원칙이나 장기적 목표에 맞지 않는 일자리 제안을 단호하게 거절할수 있다. 반면, 자기인식이 부족한 사람은 잊고 있던 가치관을 떠올려 내면의 혼란을 일으키는 결정을 내리기 쉽다. 어떤 사람은 입사한 지 2년 만에 이렇게 말한다.

"연봉이 높아서 계약했는데, 일이 너무 재미없어요. 따분해죽겠어요."

하지만 자기인식이 높은 사람은 자신의 가치관과 일치하는결정을 내린다. 그래서 일을 통해 활력을 얻는 경우가 많다.

한 사람의 자기인식 수준을 어떻게 파악할 수 있을까? 무엇보다 자기인식은 솔직함과 자기 자신을 현실적으로 평가하는능력으로 나타난다. 자기인식이 높은 사람은 자신의 감정과 그감정이 업무에 미치는 영향에 대해 정확하고 솔직하게 말할 수있다(과장해서 표현하거나 죄를 지은 것처럼 말하지도 않는다). 예를들어, 내가 아는 한 팀장은 그가 속한 대형 백화점 체인이 곧 도입할 새로운 퍼스널 쇼퍼(개인 맞춤형 쇼핑 도우미-옮긴이) 서비스에 대해 회의적이었다. 그는 팀원이나 상사가 묻지도 않았는데 자기 입장을 설명하기 시작했다. 그는 솔직하게 인정했다.

"이 서비스가 출시되려고 하는데 저는 거기에 참여하지 못해 힘들었어요. 정말 이 프로젝트를 진행하고 싶었는데 제가 뽑히지 못했거든요. 이 상황을 이겨내는 동안 조금만 기다려주세요."

그는 곧 마음을 추슬렀고, 일주일 후 프로젝트를 전폭적으로 지원하게 되었다.

이런 자기인식은 채용 과정에서도 종종 나타난다. 지원자에게 자기감정에 휩쓸려 나중에 후회한 적이 있는지 설명해달라고 요청한다. 자기인식이 있는 지원자는 실패를 솔직하게 인정하고 때로는 미소를 지으며 자신의 이야기를 털어놓을 것이다. 자기인식의 특징 중 하나는 자조적인 유머 감각이다.

자기인식은 성과 검토 과정에서도 확인할 수 있다. 자기인식을 잘하는 사람은 자신의 한계와 강점에 대해 잘 알고 편안하게 이야기하며, 건설적인 비판을 받고 싶어 한다. 반대로 자기인식을 못 하는 사람은 자기에게 도움이 되는 메시지도 위협이나 실패의 의미로 받아들인다.

자기인식이 뛰어난 사람들은 자신감도 높다. 이들은 자기 능력을 확실히 파악하고 있어, 업무를 무리하게 확장해서 실패할 가능성이 작다. 언제 도움을 요청해야 하는지도 잘 안다. 또한 업무에서 감수해야 할 위험을 계산하면서 일한다. 혼자 감당할 수 없는 상황일 때는 도전을 감행하지 않고, 자기 능력 안에서만 일한다.

회사 최고 경영진과의 전략 회의에 불려간 한 중간급 관리자의 행동을 예로 들어보자. 이 직원은 회의실에서 직급이 가장 낮았지만 위축되거나 두려움에 떨며 가만히 앉아서 듣고 있지 않았다. 그는 자신의 장점인 명쾌한 논리력을 바탕으로 회사의 전략에 대해 설득력 있게 제안했지만, 자신의 약점은 드러내지 않았다.

자기인식이 뛰어난 사람은 직장에서 가치가 상당하다. 하지만 내 연구에 따르면 고위 임원들은 잠재적 리더를 찾을 때 자기인식 능력을 충분히 고려하지 않는 경우가 많다. 대다수 임원이 감정을 솔직하게 드러내는 태도를 '나약함'으로 오해하고, 단점을 공개적으로 드러내는 직원들을 존중하지 않는다. 그런 사람들은 다른 사람을 이끌 만큼 '충분히 강하지 않다'며 너무 쉽게 무시당한다.

하지만 사실은 그 반대다. 우선, 사람들은 일반적으로 솔직함을 높이 평가하고 존중한다. 리더는 끊임없이 어떤 능력을 솔직하게 평가해야 한다. 자신의 역량과 다른 사람의 역량도 포함해서 말이다. 경쟁사를 인수할 경영적 전문성을 갖추고 있는가? 6개월 이내에 신제품을 출시할 수 있는가? 자신을 정직하게 평가하는 사람(이것이 곧 자기인식이다)은 자신이 운영하는 조직도 정직하게 바라볼 줄 안다.

생물학적 충동은 우리의 감정을 이끈다. 우리가 감정을 아예 없앨 수는 없지만 부단히 노력하면 관리할 수는 있다. 자기조절은 감성지능의 구성 요소로, 우리가 감정의 포로가 되지 않게 해준다. 마치 자기 자신과의 대화와도 같다. 이런 대화에 능숙한 사람은 다른 사람들처럼 부정적인 기분과 감정적인 충동을 느낀다. 그렇지만 감정을 조절하고 유용한 방향으로 전환하는 방법을 모색한다.

한 임원이 이사회에서 그의 팀 직원들이 실적이 부진한 결과를 발표하는 모습을 지켜본다고 상상해보자. 감정이 이끄는 대로 한다면 임원은 분노하며 테이블을 두드리거나 의자를 걷어찰지도 모른다. 자리에서 벌떡 일어나 직원들을 향해 소리를 지를 수도 있다. 아니면 무섭게 침묵을 지키며 직원들을 한 명 한 명 노려보다가 자리를 박차고 나갈 수도 있다.

하지만 자기조절 능력이 뛰어난 사람은 다르게 행동할 것이다. 성급한 판단을 내리지 않고 팀의 성과가 부진한 것을 인정하면서 말을 신중하게 고를 것이다. 그런 다음 한 걸음 물러서 실패 원인을 생각해볼 것이다. 팀원들의 개인적 문제인가, 아니면 노력 부족인가? 이런 상황을 완화할 수 있는 요인은 없는가? 이런 실패에 이르기까지 자신의 역할은 무엇이었는가? 이런 점들을 검토한 뒤 팀원들을 소집해 문제를 분석한 내용과 신중하게 내린 해결책을 제시할 것이다.

리더에게 자기조절이 중요한 이유는 무엇일까? 첫째, 무엇보다 자신의 감정과 충동을 통제하는 이성적인 사람은 신뢰감을 주고 공정한 환경을 조성할 수 있다. 이런 환경에서는 사내 정치와 내분이 현저히 줄어들고 생산성이 높아진다. 유능한 인재들이 조직에 모여들고, 떠나고 싶다는 생각이 들지 않는다. 그리고 자기조절에는 낙수효과(대기업이나 재벌, 고소득층의 성과가 늘어나면 중소기업과 서민경제도 성장하는 효과-옮긴이)가 있다. 상사가 차분한 접근 방식으로 나오는데 굳이 자신의 충동적 성향을 알리고 싶은 직원은 없을 것이다. 상사가 스스로 감정을 잘 조절하면 조직의 분위기가 동요하는 상황도 줄어들 것이다.

둘째, 자기조질은 경쟁을 위해서도 중요하다. 누구나 오늘날 사업 환경이 모호하고 급변한다는 것을 알고 있다. 기업에서는 주기적으로 합병과 분리를 반복한다. 기술의 발전으로 현기증이 날 만큼 빠르게 세상이 변하고 있다. 감정을 다스릴 줄 아는 사람은 변화에도 잘 적응한다. 새로운 프로그램이 도입되어도 당황하지 않는다. 대신 판단을 유보하고 정보를 찾아보며 경영진이 새로운 프로그램을 설명할 때 귀를 기울여 진행 속도에 발맞춰나갈 수 있다.

이들은 가끔 변화를 주도하기도 한다. 한 대기업 팀장의 경우를 살펴보자. 이 팀장은 동료들과 마찬가지로 5년 동안 특정 소프트웨어 프로그램을 사용해왔다. 그는 프로그램에 데이터를 수집하고 보고하는 방식과 회사 전략에 대해 생각하는 방식을 맞춰나갔다. 그런데 어느 날 고위 경영진이 새로운 프로그램을 설치해 조직 내에서 정보를 수집하고 평가하는 방식을 근본적으로 바꾸겠다고 발표했다. 회사의 많은 사람이 이 변화가 얼마나 파괴적일지 우려하며 불만을 토로했지만, 이 팀장은 새 프로그램을 도입한 이유를 곰곰이 생각한 끝에 성과를 개선할 잠재력이 있다고 확신했다. 그는 교육 세션에 열심히 참석했고(일부 동료들은 참석을 거부했다), 새로운 기술을 매우 효과적으로 사용한 덕분에 여러 부서를 총괄하는 자리로 승진했다.

경영진에게 자기조절의 중요성을 더욱 강조하고, 자기조절을 통해 윤리를 강화한 사례 역시 제시하고 싶다. 윤리는 개인적 덕목일 뿐만 아니라 조직의 역량에도 중요하다. 회사에서 일어나는 여러 불미스러운 일은 충동적인 행동의 결과다. 사람들은 대체로 이익을 부풀리거나, 비용 계정에 다른 항목을 추가하거나, 비자금에 손을 대거나, 이기적인 목적으로 권력을 남용하는 행위를 의도적으로 벌이지는 않는다. 하지만 충동 조절 능력이 낮은 사람들은 그럴 만한 기회가 주어지면 유혹에 쉽게 넘어간다.

이와 대조적인 예가 있다. 한 대형 식품 회사 고위 임원의 경우를 보자. 이 임원은 지역 유통업체와의 협상에서 철저하게 정직한 태도를 보였다. 그는 정기적으로 비용 구조를 자세히 설명해 유통업체에서 회사 제품의 가격을 낱낱이 파악하게 했다. 그로 인해 가격 협상을 강하게 밀고 나갈 수 없었다. 그도 가끔 제품의 원가에 대한 정보를 숨겨 수익을 늘리고 싶은 충동을 느꼈다. 하지만 그런 충동에 맞서 싸우는 편이 길게 볼 때 더 합리적이라고 판단했다. 그가 자기조절을 훌륭히 한 덕분에 유통업체와 탄탄하고 지속적인 관계를 유지하게 되었고, 이는 회사에 단기간의 재정적 이익보다 더 큰 도움이 되었다.

따라서 감정적 자기조절의 징후는 성찰력과 사려 깊은 성향, 모호함과 변화를 편안하게 받아들이는 태도, 충동을 단호하게 거부하는 정직성 등에서 쉽게 확인할 수 있다.

자기인식과 마찬가지로 자기조절 능력도 종종 제대로 평가받지 못한다. 감정을 잘 디스리는 사람은 가끔 차가운 사람으로 보이기도 하고, 사려 깊은 반응은 열정이 부족한 것으로 받아들여지기도 한다. 대체로 성격이 불같은 사람들이 '전형적인' 리더로 여겨진다. 이들의 폭발적인 감정은 카리스마와 권력의 특성으로 간주된다. 그러나 이런 사람들은 정상에 오른 뒤에 그런 성격이 오히려 불리하게 작용한다. 연구 결과, 부정적인 감정을 극단적으로 표출하는 성향이 좋은 리더십의 원동력으로 작용한 적은 한 번도 없다.

동기 부여도 유능한 리더들에게서 나타나는 특성 중 하나다. 유능한 리더들은 자신과 다른 모든 사람의 기대치를 뛰어넘는 성과를 달성하기 위해 노력한다. 여기서 핵심은 '성취'다. 많은 사람이 높은 연봉이나 의미 있는 직책 또는 명망 높은 회사의 일원이라는 지위와 같은 외부 요인에 따라 동기를 부여받는다. 반대로, 리더십 잠재력이 높은 사람들은 성취 그 자체를 위해 달성하려는 욕망이 깊이 내재해 있고, 이 욕망에서 동기가 생긴다.

외적 보상보다 성취를 위한 열망으로 동기가 생기는 사람을 어떻게 알아볼 수 있을까? 첫 번째 신호는 일 자체를 향한 열정이다. 이런 사람들은 창의적인 도전을 추구하고, 배우기를 좋아하며, 스스로 잘 해낸 일에 대한 자부심이 크다. 그리고 일을 더 잘 해내기 위해 지치지 않고 에너지를 발휘한다. 이런 사람들은 종종 현 상태를 견디지 못하는 것처럼 보이기도 하며, 왜 일이 한 가지 방식으로만 이루어지는지 끊임없이 질문하고, 업무에 대한 새로운 접근 방식을 탐구한다.

예를 들어, 한 화장품 회사의 팀장은 현장 직원들로부터 판매 결과를 얻기 위해 2주나 기다려야 하는 상황에 불만을 품고 있었다. 그래서 매일 오후 5시에 각 영업사원에게 자동으로 전화를 거는 시스템을 찾아냈다. 영업사원들은 이 시스템에 그날 얼마나 많은 전화를 걸고 얼마나 많은 매출을 올렸는지 숫자로 입력한다. 시스템을 도입한 덕분에 영업 결과에 대해 피드백하는 시간이 몇 주에서 몇 시간으로 단축되었다.

이 이야기는 성취를 추구하는 사람들의 두 가지 공통점을 보여준다. 이들은 끊임없이 성과 기준을 높이고 점수 매기기를 좋아한다. 먼저, 성과의 기준을 정한다. 성과 평가를 하는 동안 동기 부여가 높은 사람들은 상사에게 기준을 높여달라고 요청할 수도 있다. 물론 자기인식과 내적 동기를 겸비한 직원은 자신의 한계를 인식하겠지만, 그래도 달성하기 너무 쉬워 보이는 목표에 안주하려 하지 않을 것이다.

일을 더 잘하기 위해 노력하는 사람들이 자신과 팀, 회사의 성과를 기록하고 싶어 하는 것은 당연하다. 성취 동기가 낮은 사람들은 셜과에 대해 모호한 태도를 취하는 반면, 성취 동기가 높은 사람들은 수익성이나 시장 점유율과 같은 명확한 측정치를 계산해서 점수를 매기려는 경향이 있다. 한 펀드 매니저는 하루를 시작하고 끝낼 때마다 인터넷에서 자신의 주식 펀드 성과를 업계에서 정한 4개의 벤치마크와 비교해서 측정한다.

흥미롭게도 동기 부여가 잘 되는 사람들은 점수가 불리할 때도 낙관적인 태도를 유지한다. 이런 경우, 자기조절 능력과 성취 동기 능력이 있는 사람은 실패하더라도 좌절감과 우울증을 극복할 수 있다.

대형 투자 회사의 한 포트폴리오 팀장의 사례를 보자. 그의 펀드는 몇 년 동안 만족스러운 성과를 거두었으나 3분기 연속 하락세를 보이자, 3개의 대형 기관 고객이 거래처를 다른 곳으로 옮겼다.

어떤 경영진은 주가 급락을 통제할 수 없는 상황 탓으로 돌릴 것이고, 다른 경영진은 개인적 실패의 증거로 여길 수도 있다. 하지만 이 포트폴리오 팀장은 이 상황을 자신이 혁신을 이끌 수 있음을 증명할 기회로 보았다. 2년 후, 회사에서 고위직으로 승진했을 때 그는 이때 경험을 "제게 일어난 최고의 일이었어요. 그 경험에서 아주 많은 것을 배웠거든요"라고 회상했다.

경영진이 직원들에게 높은 수준의 성취 동기가 있는지 파악하려면 조직을 향한 헌신에서 그 마지막 증거의 조각을 찾을 수 있을 것이다. 업무 자체에 애정이 있는 직원은 그 일을 가능하게 하는 조직에 헌신할 것이다. 헌신적인 직원은 헤드헌터가 높은 연봉으로 강력하게 유혹해도 조직에 남을 가능성이 높다.

성취감으로 동기 부여가 생기는 사람이 훌륭한 리더가 되는 이유를 이해하기는 어렵지 않다. 스스로 높은 목표를 세우는 사람은 리더가 되었을 때 조직에도 높은 목표를 부여한다. 마찬가지로, 목표를 초과 달성하려는 의욕과 기록을 세우려는 욕구에는 전염성이 있다. 성취 동기가 강한 리더는 같은 특징이 있는 팀장들로 팀을 꾸리려 할 것이다. 물론 낙관주의와 조직을 향한 헌신은 리더십의 기본이다. 낙관적이지도 헌신적이지도 않은 리더가 회사를 운영한다고 상상해보라.

타인의 감정을 신중하게 고려하는 공감 능력

감성지능을 구성하는 요소 가운데 공감은 가장 쉽게 파악할 수 있는 능력이다. 누구나 세심한 선생님이나 친구에게 공감받은 적이 있고, 무심한 코치나 상사에게서 공감을 전혀 받지 못한 적도 있기 때문이다. 하지만 사업과 관련해서는 공감 능력으로 보상을 받기는커녕 칭찬받는 일도 거의 없다. 공감이라는 단어 자체가 사업이나 시장의 냉혹한 현실과 어울리지 않는 것처럼 보이기 때문이다.

하지만 공감 능력은 '이것도 좋고 저것도 좋다'라는 식의 모호함을 의미하지 않는다. 즉, 리더가 다른 사람의 감정을 자기감정으로 느껴 그 사람을 기쁘게 하려고 노력하는 것을 의미하지 않는다. 그것은 악몽과도 같다. 행동을 취하기가 불가능하기 때문이다. 오히려 공감은 현명한 결정을 내리는 과정에서 다른 요소와 함께 직원의 감정을 신중하게 고려하는 것을 의미한다.

실제로 공감이 어떤 것인지 알아보기 위해 두 개의 거대 증권회사가 합병하면서 전 부서에 중복된 일자리가 생겼을 때의 경우를 예로 들어보자. 한 부서장은 직원들을 모아놓고 곧 해고될 직원의 수를 강조하며 우울한 연설을 했다. 다른 부서장은 자신의 걱정과 혼란을 솔직하게 털어놓으며 직원들에게 계속 정보를 제공하고 모든 사람을 공정하게 대우하겠다고 약속했다.

두 부서장의 차이점이 바로 공감 능력이다. 첫 번째 부서장은 자기 입장에 대한 걱정이 너무 커서 불안에 휩싸인 동료들의 감정을 고려하지 못했다. 그러나 두 번째 부서장은 직원들이 느끼는 감정을 직관적으로 파악하고 그들의 두려움을 인정했다. 첫 번째 부서에서 유능한 인재들이 사기가 꺾여 회사를 떠난 것도 놀라운 일은 아니다. 반면에, 두 번째 부서장은 계속 강력한 리더의 모습을 보여주어 최고 인재들이 남았으며, 그의 부서는 그 어느 때보다 생산적인 상태를 유지했다.

오늘날 리더십의 구성 요소로서 공감이 특히 중요한 이유로 3가지를 꼽을 수 있다. 팀을 활용할 가능성이 커지고, 세계화가 빠르게 진행되며, 인재를 확보해야 할 필요성이 증가하기 때문이다.

팀을 이끄는 일이 얼마나 어려운지 생각해보라. 팀의 일원이 되어본 사람이라면 누구나 알겠지만, 팀은 감정이 끓어오르는 가마솥과도 같다. 팀원들이 종종 합의에 도달해야 하는 일이 생기는데, 이는 두 명만으로도 힘들다. 그리고 그 수가 늘어날수록 점점 더 어려워진다. 네다섯 명으로 구성된 그룹에서도 동맹이 형성되고 서로 엇갈리게 마련이다. 이럴 때 팀의 리더는 회의 자리에 둘러앉은 모든 사람의 관점을 감지하고 이해할 수 있어야 한다.

한 대형 IT 회사의 마케팅 팀장은 문제가 많은 팀을 이끌도록 임명되었을 때 바로 그런 능력을 발휘했다. 이 팀은 업무 과부하에 시달리고 마감 기한을 어기는 등 혼란스러운 상황이었다. 팀원들 사이에는 긴장감이 고조되어 있었다. 절차를 간단히 손보는 것만으로는 효율적인 팀으로 재탄생하기에 충분하지 않았다.

새로운 팀장은 몇 가지 조처를 했다. 한 차례 일대일 회의를 통해 그룹 구성원 모두에게 무엇이 불만인지, 동료를 어떻게 평가하는지, 자신이 무시당했다고 느끼는지 등에 대한 의견을 경청했다. 그런 다음 팀을 하나로 모으는 방식으로 이끌기 시작했다. 사람들이 불만 사항을 솔직하게 이야기하도록 장려하고, 회의 중에 건설적인 불만을 제기하도록 도왔다. 팀장이 공감 능력을 통해 팀의 감정 상태를 이해한 결과, 팀원들의 협업이 강화되었을 뿐 아니라 더욱 다양한 내부 고객으로부터 도움을 요청받으면서 사업도 더 활발해졌다.

세계화는 리더의 공감 능력이 더 중요해지는 또 하나의 이유다. 문화가 서로 다른 사람들 간의 대화는 실수와 오해를 불러일으키기 쉽다. 공감은 이에 대한 해독제다. 공감 능력이 있는 사람은 보디랭귀지의 미묘한 차이에 귀를 기울이고, 말의 이면에

숨어 있는 메시지를 들을 수 있다. 그뿐만 아니라 문화적·인종적 차이의 존재와 중요성을 깊이 이해한다.

한 미국인 컨설턴트 팀이 잠재적인 일본 고객에게 프로젝트를 제안한 경우를 살펴보자. 이 팀은 미국인과의 거래에서 프로젝트를 제안한 후 쏟아지는 질문을 받는 데 익숙했지만, 일본인들은 그들을 긴 침묵으로 맞이할 뿐이었다. 몇몇 팀원이 침묵을 반대의 뜻으로 받아들이고 자리를 뜨려고 하자 수석 컨설턴트가 손짓으로 저지했다. 그는 일본 문화에 익숙하지 않았지만, 고객의 표정과 자세를 읽고 거부감이 아니라 관심, 심지어 깊은 배려심을 느꼈다. 그의 판단이 옳았다. 고객이 마침내 이 컨설팅 회사에 일을 맡기겠다고 했기 때문이다.

마지막으로, 공감은 특히 오늘날처럼 정보 기술이 발달한 시대에 인재를 보유하는 데 핵심적 역할을 한다. 리더가 좋은 인재를 개발하고 유지하려면 당연히 공감이 필요하다. 하지만 오늘날에는 감당해야 할 부분이 더 있다. 우수한 인재가 회사를 떠나면 회사의 지식도 함께 떠나기 때문이다.

그래서 코칭과 멘토링이 필요하다. 코칭과 멘토링은 성과를 향상시킬 뿐 아니라 직무 만족도를 높이고 이직률을 낮추는 데도 효과가 있음이 거듭 입증되었다. 코칭과 멘토링을 가장 효과적으로 만드는 요인은 인간관계 그 자체다. 뛰어난 코치와 멘토는 그들이 도와주는 사람의 머릿속을 꿰뚫어본다. 효과적인 피드백을 제공하는 방법도 잘 알아, 더 나은 성과를 거두기 위해서는 언제 밀어붙이고 언제 물러나야 하는지 잘 파악한다. 또한 멘티나 후배들에게 동기를 부여하면서 행동을 통해 공감을 보여준다.

다시 반복하지만, 사업 분야에서 공감은 그다지 존중받지 못하는 특성이다. 사람들은 리더가 자신의 영향을 받을 사람들의 입장을 전부 '고려하면서' 어떻게 어려운 의사결정을 내릴 수 있는지 반신반의한다. 하지만 공감 능력이 있는 리더는 주변 사람들에게 공감하는 것 이상의 역할을 한다. 공감으로 알게 된 바를 활용해, 미묘하지만 더 중요한 방식으로 회사를 발전시킨다.

원하는 방향으로 타인을 움직이는 사회적 기술

감성지능의 구성 요소 중 자기인식, 자기조절, 동기 부여는 자기관리 기술에 해당하고, 공감과 사회적 기술은 다른 사람과의 관계 관리 능력과 관련 있다. 사회적 기술은 말처럼 간단하지 않다. 사회적 기술 수준이 높은 사람 중에 비열한 짓을 하는 사람은 드물지만, 사회적 기술은 그저 친절함의 문제만이 아니다. 사회적 기술은 목적을 띤 친근함이다. 사회적 기술이 뛰어난 사람은 새로운 마케팅 전략에 동의하거나 신제품에 열정을 품게 하는 등 자기가 원하는 방향으로 사람들을 움직이게 한다.

사회적 기술이 뛰어난 사람은 대체로 지인의 범위가 넓으며, 온갖 유형의 사람과 공통점을 찾아내는 능력, 즉 친밀감을 형성하는 능력이 뛰어나다. 그렇다고 이들이 끊임없이 사교 활동을 한다는 의미는 아니다. 중요한 일은 혼자서 할 수 없다는 가정하에 일한다는 뜻이다. 이런 사람들은 행동해야 할 시기가 왔을 때 필요한 네트워크를 갖추고 있다.

사회적 기술은 여러 다른 감성지능이 쌓여서 만들어진다. 사람들은 자신의 감정을 이해하고 통제하며 다른 사람의 감정에 공감할 때 관계 관리에 매우 효과적인 경향이 있다. 동기 부여도 사회적 기술에 일조한다. 성취를 추구하는 사람은 좌절이나 실패 앞에서도 낙관적인 경향이 있다는 사실을 떠올려보라. 낙관적인 사람은 대화나 여러 사회적 만남에서 빛을 발한다. 이런 사람은 인기가 많다.

사회적 기술은 다른 감성지능의 결과로서 나타나기 때문에, 사회적 기술이 높으면 여러 가지 방식으로 직장에서 인정받는다. 예를 들어, 사회적 기술이 뛰어난 사람은 팀 관리에 능숙하다. 이는 곧 직장에서 공감 능력이 뛰어나다는 뜻이다. 이런 사람은 자기인식과 자기조절, 공감 능력을 두루 갖춘 전문 설득가다. 이런 기술을 바탕으로 삼고 있어, 훌륭한 설득가는 감정적 호소를 해야 할 때와 이성에 호소하는 것이 더 효과적일 때를 알고 있다. 그리고 동기 부여 능력이 강한 사람이 이 능력을 공개적으로 드러내면 뛰어난 협조자를 찾을 수 있다. 업무를 향한 열정이 다른 사람에게 퍼지고 함께 해결책을 찾기 위해 노력하게 된다.

하지만 가끔 사회적 기술은 여느 감성지능 요소와 다른 방식으로 모습을 드러낸다. 예를 들어, 사회적 기술이 뛰어난 사람은 가끔 직장에서 일하는 동안에도 일하지 않는 것처럼 보일 수 있다. 동료와 복도에서 수다를 떨거나 '실제' 업무와 관련 없는 사람과 농담을 주고받는 등 한가하게 잡담하는 것처럼 보인다. 그러나 사회적으로 유능한 사람은 관계 범위를 임의로 제한하는 것이 합리적이라고 생각하지 않는다. 지금처럼 유동적인 시기에는 언젠가 지금 막 알게 된 사람으로부터 도움을 받을 수도 있다는 것을 알기 때문에 유대감을 폭넓게 형성한다.

예를 들어, 글로벌 컴퓨터 제조업체의 전략 부서에서 근무하는 한 임원의 경우를 생각해보자. 1993년에 그는 회사의 미래가 인터넷에 달려 있다고 확신했다. 그 후 1년 동안 그는 뜻이 맞는 동료들을 찾아다니고 자신의 사회적 기술을 활용해 직급과 부서, 국가를 초월한 가상 커뮤니티를 구성했다. 그런 다음 이 팀을 이용해 대기업 중 최초로 기업 웹사이트를 개설했다. 그리고 예산이나 공식적인 지위도 없이 오직 혼자 힘으로 연례 인터넷 산업 컨벤션에 참가 신청을 했다. 그는 동료들에게 도움을 요청하고 여러 부서에 자금을 기부하도록 설득한 끝에, 12개 부서에서 50명 이상의 사람을 모집해 컨벤션에 회사를 대표해서 참가했다.

경영진은 그의 행보에 주목했다. 컨벤션이 끝난 지 1년 만에 이 임원의 팀은 회사 최초로 인터넷 사업부를 위한 기반을 마련했고, 그는 정식으로 이 부서를 맡았다. 이 자리에 오기까지 그 임원은 기존의 경계를 무시하고 조직 구석구석 사람들과 관계를 형성하고 유지했다.

대부분 회사에서 사회적 기술을 핵심적인 리더십 역량으로 여길까? 특히 감성지능의 다른 구성 요소와 비교할 때 대답은 "그렇다"이다. 사람들은 리더가 관계를 효과적으로 관리해야 한다는 것을 직관적으로 알고 있는 듯하다. 어떤 리더도 고립된 존재가 아니기 때문이다.

결국 리더의 임무는 다른 사람들의 손을 거쳐 업무를 완수하는 것이며, 사회적 기술이 이를 가능하게 한다. 공감을 제대로 표현할 줄 모르는 리더는 공감하지 않는 것이나 마찬가지다. 그리고 리더의 열정을 조직에 전달할 수 없다면 그 리더가 동기부여를 하려고 해도 아무 소용 없다. 리더는 사회적 기술을 통해 감성지능을 발휘할 수 있다.

기존의 IQ와 기술 능력이 강력한 리더십의 중요한 요소가 아니라고 주장하는 것은 어리석다. 하지만 다른 능력이 아무리 좋아도 감성지능 없이는 온전한 리더십을 구현할 수 없다. 한때는 감성지능을 기업 리더에게 '있으면 좋은' 능력으로 여겼다. 하지만 이제 우리는 성과를 위해 감성지능이 리더에게 '반드시 필요한' 능력임을 알고 있다.

다행히 감성지능은 학습할 수 있다. 하지만 그 과정은 쉽지 않다. 시간과 무엇보다 헌신이 필요하다. 하지만 올바르게 구축된 감성지능이 개인과 조직 모두에게 가져다주는 이점을 생각한다면 노력할 만한 가치가 충분하다.

대니얼 골먼은 세계적 심리학자이자 경영사상가이며, 럿거스대학교의 조직 내 감성지능연구 컨소시엄 공동 책임자다. 미국과학진흥회 특별회원이다. 《감성의 리더십Primal Leadership》(청림출판, 2003), 《SQ사회지능Social Intelligence》(웅진지식하우스, 2006), 《EQ감성지능Emotional Intelligence》(웅진지식하우스, 2008), 《에코지능Eco Logical Intelligence》(웅진지식하우스, 2010) 등을 집필했다.

감성지능을 개발해
최고의 리더가 되는 법

위대한 리더와 그냥 괜찮은 리더를 구분하는 기준은 무엇일까? 대니얼 골먼은 그 기준이 IQ나 기술 능력이 아니라 감성지능이라고 말한다.

감성지능은 최고의 리더가 자신과 부하직원들의 성과를 최대한 끌어내게 해주는 5가지 기술을 말한다. 한 회사의 상사들이 의미 있는 수준의 감성지능 역량을 갖추는 경우, 담당 부서는 연간 수익 목표를 20퍼센트 이상 초과 달성한다.

감성지능에 속하는 역량은 다음과 같다.

- **자기인식:** 자신의 강점과 약점, 동기와 가치관을 알고 다른 사람에게 미치는 영향을 파악하는 것
- **자기조절:** 파괴적인 충동과 기분을 조절하거나 방향을 전환하는 능력

- **동기 부여:** 자기 기준에 맞춰 성과를 즐기는 것
- **공감:** 다른 사람의 감정 상태를 이해하는 것
- **사회적 기술:** 다른 사람들과 관계를 쌓아 그들을 원하는 방향으로 움직이게 하는 능력

누구나 일정 수준의 감성지능 기술을 타고난다. 하지만 끈기와 연습, 동료나 코치의 피드백을 통하면 이런 능력을 더욱 강화할 수 있다.

감성지능의 구성 요소 이해하기

감성지능 구성 요소	정의	특징	사례
자기인식	자신의 감정과 강점, 약점과 동기, 가치관과 목표, 다른 사람에게 미치는 영향 파악하기	• 자신감 • 현실적 자기 평가 • 자조적인 유머 감각 • 건설적 비판에 대한 갈증	한 관리자는 마감이 촉박하면 최악의 상황이 닥친다는 사실을 잘 알고 있다. 그래서 시간을 계획해 업무를 미리 완수한다.
자기조절	파괴적인 감정과 충동을 통제하거나 방향 전환	• 신뢰성 • 정직성 • 모호함과 변화에 대한 편안함	팀에서 프레젠테이션을 망쳤을 때 리더는 소리 지르고 싶은 충동을 억제한다. 대신 실패의 잠재적 원인을 고려하고 팀원들에게 결과를 설명해 함께 해결책을 모색한다.

동기 부여	성취하기 위해 몰두하는 것	• 업무 자체와 새로운 도전을 향한 열정 • 꺾이지 않고 계속 발전하려는 에너지 • 실패 앞에서의 낙관주의	한 투자 회사의 포트폴리오 책임자의 펀드가 3분기 연속 하락하자 주요 고객들이 이탈한다. 하지만 그는 외부 환경을 탓하는 대신 경험을 통해 배우겠다고 결심해 혁신을 도모한다.
공감	특히 의사결정을 내릴 때 다른 사람의 감정을 고려하는 능력	• 인재 확보 및 유지에 대한 전문성 • 다른 사람을 발전시키는 능력 • 문화 간 차이에 대한 민감성	한 미국인 컨설턴트와 그의 팀이 일본의 잠재 고객에게 프로젝트를 소개한다. 그의 팀은 고객의 침묵을 반대 의미라 해석하고 자리를 뜨려 한다. 그러나 그는 고객의 보디랭귀지를 읽고 관심 있어 한다는 점을 감지해 회의를 계속 진행한 결과 일을 따낸다.
사회적 기술	원하는 방향으로 사람들을 움직이게 하는 관계 관리	• 변화를 주도하는 효율성 • 설득력 • 광범위한 네트워킹 • 팀을 구축하고 이끄는 전문성	한 팀장은 회사가 더 나은 인터넷 전략을 채택하기를 바란다. 그는 뜻을 같이하는 사람들의 도움을 받아 팀을 구성하고 프로토타입 웹사이트를 만든다. 그리고 다른 부서 동료들을 설득해 기부금을 지원받고 500여 명을 모집해서 회사를 대표해 컨벤션에 참가한다. 이후 회사에서는 인터넷 부서를 신설하고 그를 책임자로 임명한다.

감성지능 강화하기

연습과 다른 사람의 피드백을 통해 특정 감성지능 기술을 강화한다.

사례: 한 임원은 다른 사람들을 통해 자신의 공감 능력, 특히 경청 능력이 부족하다는 사실을 알게 되었다. 이 임원은 문제를 해결하고 싶어, 코치에게 자신이 언제 경청 능력이 떨어지는 모습을 보이는지 알려달라고 요청했다. 그런 다음 다른 사람이 말할 때 가로막지 않는 등 더 나은 반응을 보이기 위해 여러 가지 상황을 역할극으로 연기하며 연습했다. 나아가, 경청에 능숙한 임원들을 관찰하고 그들의 행동을 모방하기 시작했다.

리더의 진정성에는
시행착오가 필요하다

허미니아 아이바라

진정성은 리더십을 평가하는 요인 가운데 가장 중요한 기준이다. 하지만 진정성의 의미를 단순하게 파악하면 성장에 방해가 되고 영향력을 제한할 수 있다.

의료 기관의 총괄 책임자 신시아의 사례를 살펴보자. 신시아는 총괄 책임자로 승진하면서 직속 부하직원이 10배로 늘어났고, 사업 범위도 확대되었다. 이처럼 비약적으로 발전하자 신시아는 불안감을 느꼈다. 투명하고 협력적인 리더십에 대해 강한 신념을 품고 있던 신시아는 신입 직원들에게 속마음을 털어놓았다.

"저는 이 일을 제대로 하고 싶어요. 하지만 쉽지 않고 두렵기도 해서 여러분의 도움이 필요해요."

하지만 신시아의 솔직함은 역효과를 낳았다. 신시아는 자신감 있는 리더를 원하는 직원들로부터 신뢰를 잃었다.

명확한 지휘 체계를 중시하고 합의를 통해 의사결정을 내리는 자동차 부품 회사의 말레이시아 임원 조지의 사례를 보자. 매트릭스 구조를 갖춘 네덜란드의 다국적 기업이 회사를 인수했을 때, 조지는 의사결정을 최고의 아이디어를 얻기 위한 자유로운 토론의 장이라고 생각하는 동료들과 함께 일하면서 이런 스타일에 쉽게 적응하지 못했다. 그가 자라면서 배운 덕목인 겸손과 모순되는 방식이었기 때문이다. 그의 상사는 360도 다면 평가 디브리핑(프로젝트나 업무를 진행한 후 이에 대해 간단히 설명하거나 요약하는 것-옮긴이)을 통해 그가 자신의 아이디어와 성과를 더 공격적으로 내세워야 한다고 말했다. 조지는 실패자가 되는 것과 가짜가 되는 것 중 하나를 선택해야 한다고 느꼈다.

본능적 성향에 반하는 행동을 하면 자신이 사기꾼처럼 느껴질 수 있기 때문에 우리는 편한 것을 고수하기 위한 핑계로 진정성에 집착하는 경향이 있다. 하지만 그렇게 계속 같은 방식을 고수하면서 지속할 수 있는 일은 거의 없다. 신시아와 조지를 비롯한 수많은 임원이 경험했듯이, 경력이 쌓이거나 요구 사항 또는 기대치가 변할 때는 몇 배로 더 그렇다.

리더십 전환에 관한 연구를 진행하면서 커리어를 발전시키기 위해서는 모두가 자신의 안전지대를 넘어서는 일이 필요하다는 사실을 알게 되었다. 하지만 리더십 전환은 동시에 자기 정체성을 보호하려는 강하고 저항적인 충동을 유발하기도 한다. 새로운 환경에서 잘 해내거나 능력을 발휘할 수 있을지 자기 자신 또는 자기 능력을 믿을 수 없을 때는 번번이 익숙한 행동과 스타일로 후퇴한다. 하지만 연구에 따르면 자아에 가장 큰 도전이 되는 순간이 바로 효과적인 리더십에 대해 가장 많이 배우는 기회다. 자신을 진행 중인 작품으로 여기고 시행착오를 통해 직업적 정체성을 발전시킴으로써 자신에게 잘 맞고 조직의 변화하는 요구에도 적합한 개인적 스타일을 개발할 수 있다

이렇게 하기 위해서는 용기가 필요하다. 이런 학습은 익숙하지 않아 부자연스러운 행동을 하게 하거나, 때로는 허울만 좋아 보이는 피상적인 생각에서 출발하므로 진실하고 자발적으로 보이지 않고 계산적이라는 느낌을 줄 수도 있다. 하지만 고정관념에 갇히지 않고 더 나은 리더가 되기 위해서는 시행착오를 통한 학습으로 자신의 정체성을 발전시켜야 한다. 엄격하고 진정성 있는 자아가 하지 못하게 막는 바로 그 일 말이다.

리더로서 진정성을 확보하기 힘든 이유

전통적으로 '진정성'이란 모방이 아니라 원본인 예술 작품을 일

컬었다. 물론 리더십을 설명할 때는 다른 의미를 띨 수 있으며, 다소 문제가 될 수 있다. 예를 들어, 하나의 '진정한 자아'를 고수한다는 개념은 사람들이 어떻게 경험을 통해 진화하면서 성찰만으로는 결코 발견할 수 없는 자신의 면모를 발견하는지를 연구한 결과들과 완전히 모순된다. 그리고 모든 생각과 감정을 완전히 투명하게 공개하는 것은 비현실적이고 위험하다.

오늘날 리더들은 여러 가지 이유로 진정성을 확보하는 데 어려움을 겪고 있다. 첫째, 우리는 자신이 담당하는 일의 종류를 자주, 급격하게 바꾼다. 상황을 개선하기 위해 노력할 때, 명확하고 확고한 자아는 선택의 기로에서 목표를 향해 나아가도록 돕는 나침반 역할을 한다. 그러나 판을 바꾸려 할 때 너무 경직된 자아 개념은 신시아의 경우에서처럼 항해를 막아서는 닻이 될 수도 있다.

둘째, 글로벌 사업을 추진할 때는 문화적 규범을 공유하지 않고 어떻게 행동해야 하는지에 대한 기대치도 상이한 사람들과 함께 일하는 경우가 많다. 종종 기대되는 것(따라서 효과적인 것)과 진정성이 있다고 느껴지는 것 사이에서 선택해야 하는 기분이 들 수도 있다. 조지의 경우가 대표적 사례다.

셋째, 오늘날처럼 어디에서나 연결되는 소셜 미디어 세계에서는 정체성이 항상 드러난다. 임원으로서가 아니라 개성 있고 다양한 관심사를 갖춘 사람으로서 자신을 드러내는 방식은 리더십의 중요한 측면이다. 누구나 볼 수 있도록 신중하게 페르소나를 관리하는 것은 사적인 자아 감각과 충돌할 수 있다.

나는 새로운 기대에 직면한 유능한 임원들과 수십 차례 인터뷰를 진행하면서 그들이 다음과 같은 상황에서 가장 자주 진정성에 대해 고민한다는 사실을 알게 되었다.

익숙하지 않은 역할에 대해 책임져야 할 때

알다시피 새로운 리더십 역할을 맡았을 때는 첫 90일이 매우 중요하다. 첫인상은 빠르게 형성되며 아주 중요하기 때문이다. 리더는 각자 개성에 따라 가시성과 성과에 대한 압박이 높아질 때 전혀 다르게 반응한다.

미네소타대학교의 심리학자 마크 스나이더Mark Snyder는 리더의 자기 스타일 개발법을 알려주는 두 가지 심리학적 성향을 파악했다. 자기 모니터링 능력이 높은 사람 또는 카멜레온이라고 불리는 사람은 가식적이라고 느끼지 않으면서 자연스럽게 상황의 요구에 적응할 수 있는 능력과 의지가 있다. 카멜레온은 자신의 대중적 이미지를 관리하는 데 신경 쓰며, 종종 허풍으로 취약성을 감추기도 한다. 처음부터 스타일을 개발하는 데 편안해하지 않을 수도 있지만, 새 옷으로 갈아입듯 다양한 스타일을 계속 시도해 자기 자신과 상황에 맞는 스타일을 찾아낸다. 이런 유연성 덕분에 종종 빠르게 발전한다. 하지만 이런 유형이 자신의 '진정한' 카멜레온적 본성을 표현하는데도 사람들이 그들을 정직하지 못하거나 도덕적 중심이 없는 사람으로 인식할 때 문제가 생긴다.

이와 대조적으로, 자신에게 충실한 사람(스나이더가 '자기 모니터링 능력이 낮은 사람'이라고 표현한 사람)은 상황적 요구에 어긋나는 경우에도 실제로 생각하고 느끼는 대로 표현하는 경향이 있다. 신시아나 조지처럼 자신에게 충실한 사람의 단점은 편안한 행동을 너무 오래 고수한 탓에 새로운 요구 사항을 충족하지 못하고, 새로운 통찰력과 경험을 얻어 진화하지도 못한다는 것이다.

캐럴 하이모비츠Carol Hymowitz가 〈월스트리트 저널〉 기사에서 신시아를 언급한 뒤 내가 그녀를 인터뷰했을 때, 신시아는 바로 그런 면에서 자책했다. 신시아는 지극히 개인적이고 모든 것을 공개하는 자신의 관리 스타일이 성공의 발판이 되었다고 생각했다. 신시아는 새로운 팀에 지원을 요청하면서 자신이 망망대해에 서 있는 기분이라고 공개적으로 인정했다. 사업의 낯선 측면을 배우기 위해 발 빠르게 움직이면서 모든 결정에 기여하고 모든 문제를 해결하기 위해 끊임없이 노력했다. 그러나 몇 달 지나자 번아웃 직전 상황에 이르렀다. 게다가 자신의 취약점을 팀원들과 너무 일찍 공유해버려 입지가 손상되었다. 몇 년 후 신시아는 자신의 전환 과정을 회상하며 이렇게 말했다.

"진정성이 있다는 건 나를 불빛에 환히 비춰 사람들이 꿰뚫어볼 수 있게 한다는 뜻이 아니에요."

하지만 당시 신시아는 그렇게 생각해, 사람들이 신뢰를 쌓기는커녕 신시아의 업무 수행 능력에 의문을 품게 만들었다.

이런 경우, 적절하게 위임하고 소통하는 것은 문제의 일부일 뿐이다. 더욱 근본적인 과제는 낯선 상황에서 거리감과 친밀감의 적절한 조합을 찾는 것이다. 스탠퍼드대학교의 심리학자 데버라 그룬펠드Deborah Gruenfeld는 이를 권위와 접근성 사이의 갈등 관리라고 설명한다. 권위를 유지하려면 자신의 지식과 경험, 전문성을 팀의 지식보다 우위에 두면서 어느 정도 거리를 유지해야 한다. 친근하게 다가가려면 사람들과의 관계와 그들의 의견 및 관점을 강조하고 공감하며 따뜻하게 이끌어야 한다. 균형을 잡는 문제는 자신에게 충실한 사람들에게 심각한 진정성의 위기를 초래할 수 있다. 이들은 일반적으로 한 가지 방식으로만 행동하는 것을 선호하기 때문이다.

신시아는 자신을 너무 친근하고 취약한 존재로 만든 결과 스스로 나약해지고 지쳐버렸다. 더 큰 역할을 맡았을 때, 신시아는 직원들의 신뢰를 얻고 업무를 완수하기 위해 직원들과 더욱 거리를 둬야 했다.

아이디어 또는 자기 자신의 능력을 알려야 할 때

리더십을 키우려면 단순히 좋은 아이디어를 가지고 있는 데 그치지 말고, 이를 다양한 이해관계자들에게 제시하고 알려야 한다. 경험이 부족한 리더, 특히 자신에게 충실한 리더는 자신의 업무가 그 자체의 가치로만 이루어져야 한다고 믿기 때문에 지지를 얻는 과정을 인위적이고 정치적이라고 느껴 불쾌해하는 경우가 많다.

운송 회사의 고위 간부인 앤의 예를 들어보자. 앤은 매출을 두 배로 늘리고 부서의 핵심 절차를 근본적으로 재설계했다. 그로 인해 뚜렷한 성과를 냈는데도 상사는 앤이 영감을 주는 리더라고 생각하지 않았다. 앤은 모기업 이사회 멤버로서 자신이 효과적으로 소통하지 못한다는 사실도 알고 있었다. 사고가 폭넓은 회장은 지나치게 꼼꼼한 앤의 성향을 종종 불편하게 여겼다. 그는 앤에게 '한발 더 나아가 비전과 관련된 일을 하라'는 피드백을 주었다. 하지만 앤에게는 회장의 충고가 본질보다 형식을 중시하라는 이야기로 들렸다. 앤은 한 인터뷰에서 이렇게 말했다.

"저한테 그건 조종이에요. 저도 스토리텔링을 할 수 있지만, 사람들의 감정에 호소하고 싶지는 않아요. 속임수라는 것이 너무 당연해 보인다면 그렇게 하지 않을 거예요."

리더가 되고 싶어 하면서도 그 방법을 몰라 허우적대는 여느 관리자들처럼, 앤은 다른 사람들에게 영향을 미치고 영감을 주기 위한 감정적 메시지 만들기를 거부했다. 사실과 수치, 스프레드시트를 활용하는 방식보다 진정성이 떨어진다고 느꼈기 때문이다. 그 결과, 앤은 이사회 의장과 다른 목적으로 일하게 되었고, 그를 가치 있는 동맹으로 끌어들이는 대신 사실만 강하게 밀어붙였다.

많은 팀장이 자기 자신을 더 잘 팔지 못하면 좋은 아이디어와 강력한 잠재력이 주목받지 못한다는 사실을 잘 알고 있다. 그런데도 정작 그렇게 하지 못한다. 한 팀장은 이렇게 말한다.

"저는 인간적인 관계보다는 전문성과 비즈니스 측면에서 네트워크를 구축하려고 노력했어요. 경력의 관점에서 보면 현명하지 않은 거겠죠. 하지만 제 신념을 거스를 수는 없더라고요. 그래서 네트워크를 구축하는 데 더 제한적이었죠."

경력을 발전시키려는 노력을 단순히 이기적 욕망을 채우는 일이 아니라 공동의 승리, 즉 조직에서 영향력을 확대하고 키우는 활동이라고 생각해야 한다. 그러지 않으면 영향력 있는 사람들에게 자신의 강점을 홍보할 때 진정성이 전해지기 어려울 것이다.

자신에게 충실한 사람들은 고위 경영진에게 자신을 강하게 어필해야 할 때, 즉 아직 검증되지 않았을 때 자신을 홍보하는 데 어려움을 느낀다. 그러나 연구에 따르면 경험이 쌓이고 자신이 제공하는 가치에 대한 확신이 생기면서 이런 망설임은 사라지는 것으로 나타났다.

부정적인 피드백에 직면했을 때

성공한 수많은 임원이 더 큰 역할이나 책임을 맡을 때 경력에서 처음으로 심각하게 부정적인 피드백을 받는다. 비판이 완전히 새롭지 않더라도 이해관계가 얽혀 있으므로 더 막중하게 느껴진다. 하지만 리더들은 종종 자신의 '자연스러운' 스타일에서 오는 역기능적 측면을 효율적으로 일하기 위해 피할 수 없는 대가라며 자신을 설득시킨다.

식품 회사 생산 책임자인 제이컵은 감성지능과 팀 구축, 타인의 역량 강화에 대한 360도 평가에서 직속 부하직원들로부터 낮은 점수를 받았다. 한 팀원은 그가 비판을 받아들이기 힘들어한다고 적었다. 또 다른 팀원은 그가 화를 터트린 후 갑자기 아무 일 없었다는 듯 농담을 던진 사례를 언급하며, 자신의 기분 변화가 주변 사람들에게 미치는 불안정한 영향을 알아차리지 못한다고 언급했다. 직원들과 신뢰를 쌓기 위해 부단히 노력했다고 스스로 믿고 있던 제이컵으로선 이런 평가를 감당하기 어려웠다.

초반의 충격이 가라앉은 후, 제이컵은 이런 비판을 받은 것이 처음이 아니라고 인정했다(몇 년 전에도 일부 동료와 부하직원들이 비슷한 발언을 한 적이 있었다). 그는 기억을 떠올려보았다. 그러다가 상사로서 자기 행동을 합리화하기도 했다. 하지만 그는 핵심을 놓치고 있었다.

기업에서는 왜 진정성 교육을 추진할까?

팀장은 책과 기사, 경영진 워크숍 등을 통해 직장에서 진정성 발휘 방법에 대한 조언을 얻을 수 있다. 두 가지 트렌드가 진정성이라는 개념의 폭발적 인기와 그에 따른 교육산업을 설명하는 데 도움이 될 것이다.

첫째, 에덜먼 신뢰 지표에 따르면 기업 리더에 대한 신뢰도는 2012년에 사상 최저치로 떨어졌다. 신뢰도가 상승하기 시작한 2013년에도 기업 리더가 진실을 말할 거라고 신뢰하는 사람은 18퍼센트에 불과했으며, 기업에서 옳은 일을 할 거라고 믿는 사람은 절반에도 못 미쳤다.

둘째, 직원들의 참여도가 바닥을 치고 있다. 2013년 갤럽의 설문조사에 따르면 전 세계 직원의 13퍼센트만 일에 몰입하는 것으로 나타났다. 조사에 참여한 약 1억 8,000만 명 가운데 8명 중 1명만 심리적으로 업무에 헌신하는 것으로 밝혀졌다. 그리고 여러 연구에서 좌절감과 번아웃, 환멸, 개인적 가치관과의 불일치를 이직의 가장 큰 원인으로 꼽았다.

대중의 신뢰와 직원들의 사기가 매우 낮은 상황이므로, 기업에서 리더들에게 '진정한' 자아를 발견하도록 장려하는 것은 놀라운 일이 아니다.

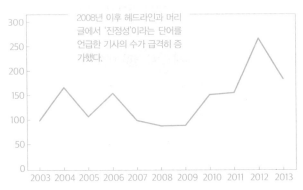

2008년 이후 헤드라인과 머리글에서 '진정성'이라는 단어를 언급한 기사의 수가 급격히 증가했다.

출처: 〈뉴욕 타임스〉, 〈파이낸셜 타임스〉, 〈워싱턴 포스트〉, 〈이코노미스트〉, 〈포브스〉, 〈월스트리트 저널〉, 〈하버드 비즈니스 리뷰〉

"저는 제 접근 방식을 바꿨다고 생각했어요. 하지만 실제로는 지난번과 크게 달라지지 않은 거죠. 가끔은 성과를 거두기 위해 강인한 모습을 보여야 하는데 사람들은 그런 모습을 좋아하지 않아요. 그런 것도 업무의 일부로 받아들여야 하는데 말이죠."

리더에게 주어지는 부정적 피드백은 기술이나 전문성보다 스타일에 초점을 맞추는 경우가 많다. 그래서 마치 자기만의 '비법'을 포기하라고 요구받은 것처럼 정체성에 위협을 느낄 수도 있다. 제이컵 역시 그렇게 느꼈다. 물론 그의 감정 표현이 격렬할 수도 있지만, 그의 관점에서 보면 그 '강인함' 덕분에 해마다 성과를 낼 수 있었다. 실제로 그는 격렬한 성향인데도 이 자리까지 올라왔다. 하지만 역할이 확대되고 더 큰 책임을 맡자 부하직원을 지나치게 감시하는 그의 성향이 큰 걸림돌이 되었다. 더 전략적인 일에 투자해야 할 시간을 부하직원을 감시하는 데 빼앗겼기 때문이다.

이런 현상의 대표적 사례로 마거릿 대처Margaret Thatcher를 들수 있다. 대처와 함께 일했던 사람들은 대처가 자신처럼 철저하게 준비하지 않는 사람에게 무자비해질 수 있다는 것을 알고 있었다. 대처는 대중 앞에서 참모를 모욕했고, 악명 높을 정도로 남의 말에 귀를 기울이지 않았으며, 타협을 비겁하다고 믿었다. '철의 여인'으로 세상에 알려지면서 대처는 자기 생각이 옳으며, 강압적인 방법이 필요하다는 점을 더더욱 확신했다. 대처는 수

사학과 신념의 힘으로 누구든 굴복시킬 수 있었고, 그 능력은 점점 더 향상되었다. 하지만 결국 자신이 이끌던 내각에 의해 축출당하고 말았다.

유쾌한 마음으로 새로운 방식을 시도하라

이처럼 경직된 자아 개념은 지나친 자기 성찰에서 비롯되기도 한다. 내면에서만 답을 찾으려고 하면 무심코 세상을 바라보는 오래된 방식과 자신에 대한 구시대적 관점을 강화할 뿐이다. 새로운 리더십 행동을 실험함으로써 얻는 귀중한 외부적 관점, 즉 아웃사이트outsight의 장점이 없으면 습관적인 사고와 행동 패턴에 갇혀버린다. 리더처럼 사고하기 위해서는 먼저 리더처럼 행동해야 한다. 새로운 프로젝트와 활동에 뛰어들고, 매우 다양한 사람과 교류하며, 새로운 업무 처리 방식을 실험해야 한다. 특히 전환기와 불확실성 시기에는 사고와 성찰이 경험에 뒤따라야지 그 반대가 되어서는 안 된다. 행동은 우리가 누구인지와 우리가 가치 있다고 믿는 것을 바꾼다.

다행히 아웃사이트를 높이고 '적응적 접근 방식'의 리더십을 개발할 방법이 있다. 하지만 이를 위해서는 유쾌한 마음가짐이 필요하다. 리더십 개발을 열심히 노력해야 하는 것으로 여기면 고된 일처럼 느껴질 수 있다. 그 대신에 잠재적 자아를 실험한 다고 생각해보자. 우리는 유쾌한 태도를 보일 때 더 열린 마음으로 가능성을 받아들인다. 첫날 시도하고 그다음 날 달라져도 괜찮다. 그렇다고 남을 속이는 것이 아니다. 직면한 새로운 도전과 상황에 맞는 방식이 무엇인지 알아내기 위해 실험할 뿐이다.

내 연구에서는 리더십 개발을 시작하는 3가지 중요한 방식을 다룬다.

다양한 롤모델에게서 배워라

대부분 학습에는 반드시 어떤 형태의 모방이 따른다. '독창적인' 것은 없다는 사실을 이해해야 한다. 리더로서 성장하는 데 중요한 부분은 진정성을 본질적인 상태가 아니라 다른 사람의 스타일과 행동에서 배운 요소를 가져다 자기 것으로 만드는 능력으로 여기는 것이다.

하지만 한 사람의 리더십 스타일만 모방하지 말고 다양한 롤모델을 활용하자. 누군가를 무작정 모방하는 것과 여러 사람에게서 선택적으로 차용해 자기만의 콜라주를 만든 다음 수정하고 개선하는 것은 큰 차이가 있다. 극작가 윌슨 미즈너Wilson Mizner가 말했듯이, 한 명의 작가를 모방하는 것은 표절이지만 많은 사람을 모방하는 것은 연구다.

분석 및 프로젝트 업무를 담당하다가 고객에게 조언하고 새로운 사업에 도전하는 역할로 발전한 투자은행가와 컨설턴트를 대상으로 한 연구에서 이런 접근 방식의 중요성을 발견했다. 대부분 은행가와 컨설턴트는 새로운 직책을 맡을 때 스스로 무능하다고 느끼며 불안해했지만, 이들 중 카멜레온은 성공한 선배 리더의 스타일과 전술을 의식적으로 차용했다. 예를 들어, 회의에서 긴장을 풀기 위해 유머를 사용하는 방법, 위압적이지 않은 태도로 의견을 형성하는 방법 등을 모방해서 배웠다. 기본적으로 카멜레온들은 자기에게 맞는 방법을 찾을 때까지 흉내를 냈다. 이들의 노력을 눈여겨본 상사들은 코칭과 멘토링을 제공하고 암묵적인 지식을 공유했다.

그 결과, 카멜레온들은 기술적으로 숙달된 면을 보여주는 데만 집중하고 자신에게 충실한 사람들보다 훨씬 더 빨리 진정성 있고 숙련된 스타일을 구축했다. 자신에게 충실한 사람들은 종종 자신의 상사가 '말만 많고 내용은 거의 없기' 때문에 적절한 롤모델이 아니라고 결론 내렸다. 따라서 '완벽한' 모델이 없어 모방하는 데 큰 어려움을 겪었다. 모방하는 것이 가짜처럼 느껴지기도 했다. 그러나 안타깝게도 상사들은 이들이 적응하지 못하는 이유를 노력이나 투자가 부족한 탓이라고 인식했기 때문에 카멜레온들에게 한 것만큼 멘토링과 코칭을 제공하지 않았다.

더 나아지기 위해 노력하라

(성과뿐 아니라) 학습에 대한 목표를 설정하면 처음부터 모든 일을 제대로 할 수 있을 거라고 기대하지 않기 때문에 사기꾼처럼 느껴지지도 않고 자신의 정체성을 실험하는 데도 도움이 된다. 그러면 변화가 생길 경우 두려워하지도 않으며, 자신을 보호하려는 노력을 멈추고 어떤 유형의 리더가 될지 탐색하기 시작할 것이다.

물론 모두가 새로운 상황에서 좋은 성과를 내고 싶어 한다. 올바른 전략을 갖추고 열정적으로 실행하며, 조직이 원하는 성과를 내고자 한다. 하지만 이런 면에 집중하다 보면 학습을 위한 위험 감수를 두려워한다.

스탠퍼드대학교의 심리학자 캐럴 드웩Carol Dweck은 일련의 독창적 실험을 통해, 다른 사람들에게 이렇게 보일지에 대한 걱정이 새롭거나 익숙하지 않은 일을 학습하는 데 방해가 된다는 사실을 밝혀냈다. 성과 목표는 타인에게 자신이 지능이나 사회적 기술과 같은 가치 있는 속성을 갖추었음을 보여주고, 자기 자신에게 그러한 속성이 있다고 증명하려는 동기를 부여한다. 이와 대조적으로 학습 목표는 가치 있는 속성을 개발하려는 동기를 부여한다.

성과 목표를 중시하는 리더십에서는 자신을 가장 유리한 방식으로 표현하는 것이 중요하다. 그러나 학습 목표를 중시하는

진정성의 기준은 문화적 요인에 따라 달라지기도 한다

낯선 영역에서 책임을 맡거나, 자기 아이디어와 자기 자신을 판매하거나, 부정적 피드백을 처리하는 등 그 어떤 상황이든 다문화 환경에서는 효과적인 방법을 찾기가 훨씬 어렵다.

프랑스 경영대학원 인시아드INSEAD의 내 동료 에린 마이어Erin Meyer의 연구에 따르면, 다른 사람을 설득하는 스타일이나 사람들이 설득력 있다고 생각하는 주장의 종류는 전혀 보편적이지 않다. 이런 사항은 한 문화의 철학적·종교적·교육적 가정에 깊이 뿌리를 두고 있다. 즉, 리더가 어떻게 보여야 하고 어떻게 말해야 하는지에 대한 처방은 리더 자신만큼 다양하지 않다. 기업에서 문화적 차이에 대한 이해를 높이고 다양성을 장려하기 위해 노력하고 있지만 실제로는 여전히 리더가 자기 생각을 단호하게 표현하고, 그에 대한 공로를 주장하며, 사람들에게 동기를 부여하고 영감을 주기 위해 카리스마를 발휘해야 한다고 기대된다.

진정성은 유일한 리더십 모델에 대한 해독제 역할을 해야 한다(결국 핵심은 다른 사람이 기대하는 모습이 아니라 나 자신이 되라는 것이다). 하지만 널리 사용되면서 아이러니하게도 진정성이라는 개념은 훨씬 더 제한적이며 문화 특수적인 의미를 띠게 되었다.

예를 들어, 리더가 스스로 고난을 극복한 개인적 이야기를 들려줌으로써 진정성을 발견하고 입증하는 방식을 자세히 살펴보면, 자기 공개와 겸손, 역경 앞에서의 개인주의적 승리와 같은 이상에 기반한 매우 미국적인 모델이 드러난다.

이는 권위와 의사소통, 집단적 노력에 대한 규범이 다른 문화권의 리더들에게는 '진정성 있는' 리더십의 엄격한 기준에 맞추기 위해 진정성 없게 행동해야 한다는 딜레마로 작용할 수도 있다는 뜻이다.

리더십에서는 진정성을 향한 열망과 성장을 향한 강렬한 욕망을 조화시킬 수 있다.

한 리더는 소규모 그룹 환경에서는 매우 효과적이지만, 대규모 회의에서는 새로운 아이디어를 열린 마음으로 논의하는 데 어려움을 겪었다. 그는 다른 사람이 개입해서 방해받을까 봐 장황한 프레젠테이션을 고집하는 경우가 많았기 때문이다. 그는 더욱 편안하고 즉흥적인 스타일을 개발하기 위해 '파워포인트 사용 금지'라는 규칙을 세웠다. 그 덕분에 자신의 선호도가 바뀌었을 뿐 아니라 당면한 문제에 대해 많은 것을 배우게 되어 스스로도 놀랐다.

'내 이야기'에 집착하지 마라

누구나 중요한 교훈을 얻는 결정적 순간을 한 번쯤 경험한다. 의식하든 의식하지 않든, 우리는 새로운 상황에서도 자기 이야기와 그 이야기가 그려내는 이미지가 자신을 이끌게 한다. 하지만 우리가 성장함에 따라 이야기가 시대에 뒤떨어지는 스타일이 될 수 있으므로, 가끔은 이야기를 크게 손보거나 아예 버리고 처음부터 다시 시작해야 한다.

자신을 '사방에 병아리를 끌고 다니는 암탉'으로 여겼던 리더 마리아의 경우도 마찬가지다. 마리아의 코치이자 오길비앤매더Ogilvy&Mather의 CEO였던 샬럿 비어스는 마리아처럼 '차라리 내가 다 책임지겠다'라는 자아 이미지는 대가족을 돌보기 위해 개인의 목표와 꿈을 희생해야 했던 시절에 생겨났다고 설명한다. 하지만 이 이미지는 결국 마리아의 경력에 걸림돌이 되었다. 친절하고 믿음직한 팀원과 평화를 유지하는 사람이라는 역할에는 도움이 되었지만, 자신이 원하는 중차대한 리더십 임무를 맡는 데는 도움이 되지 않았다.

마리아는 코치와 함께 새로운 기준으로 삼을 또 다른 결정적 순간, 즉 과거의 자신이 아니라 미래의 자신이 원하는 모습에 더 부합하는 순간을 찾아 나섰다. 그들은 마리아가 젊은 여성으로서 가족을 떠나 18개월 동안 세계 여행을 떠났던 때를 선택했다. 그때의 대담했던 자아를 바탕으로 마리아는 이전에 피해왔던 승진을 요청해 실제로 승진했다.

노스웨스턴대학교의 심리학 교수이자 평생토록 인생 이야기를 연구해온 댄 매캐덤스Dan McAdams는 정체성을 "자신의 과거와 현재, 미래 모습 중에 취사선택한 것들에서 비롯되는 내면화되고 진화하는 이야기"라고 설명한다. 이런 설명은 단순한 학술적 개념이 아니다. 매캐덤스는 자신의 이야기를 믿되, 시간이 지남에 따라 그 이야기가 필요에 따라 변화하는 모습도 수용해야 한다고 말한다. 이력서를 작성할 때와 마찬가지로 자신에 대한 새로운 이야기를 만들고 계속 수정하라는 것이다.

자기 이야기를 수정하는 것은 자기 성찰 과정인 동시에 사회적 과정이다. 우리가 선택하는 서사는 우리의 경험과 열망을 요약할 뿐만 아니라, 우리가 직면한 요구를 반영하고 설득하려는 청중의 공감을 얻어야 한다.

수많은 책과 조언자들은 자신이 누구인지 명확히 인식하고 리더십 여정을 시작하라고 말한다. 하지만 이는 우리를 과거에 얽매이게 하는 지름길이 될 수 있다. 리더십 정체성은 더 크고 나은 일로 나아갈 때마다 바뀔 수 있고, 또 바뀌어야 한다.

리더로 성장하는 유일한 방법은 계속 새로운 일을 해보고 자신의 한계를 넓혀가는 것이다. 이 과정이 쉽지는 않겠지만, 직접 부딪히고 겪으면서 자신이 어떤 사람이 되고 싶은지 깨달을 것이다. 리더로 성장하는 데 급격한 성격 개조가 필요하지는 않다. 우리 자신을 대하는 태도, 의사소통 방식, 상호작용 방식 등 작은 변화만으로도 리더십을 발휘하는 방식에 큰 차이를 만들 수 있다.

허미니아 아이바라는 코라 리더십 및 학습 석좌교수이자 인시아드 조직행동학과 교수다. 리더십 개발 및 경력 개발, 조직관리 분야 전문가다. 2013년 '싱커스 50Thinkers 50'에 선정되었다. 《마침내 내 일을 찾았다 Working Identity》(새로운현재, 2014), 《아웃사이트: 변화를 이끄는 행동 리더십Act Like a Leader, Think Like a Leader》(시그마북스, 2016) 등을 집필했다.

리더로서 진정성을 갖추는 법

문제

진정성을 흔들리지 않는 자아로 간주하면 새로운 도전과 더 큰 역할을 맡는 데 어려움이 생긴다. 현실적으로 사람들은 경험을 통해 자신이 누구인지 배우면서 변화한다.

해결책

다양한 리더십 스타일과 행동을 시도해보면 성찰만으로는 얻을 수 없는 성장을 이룰 수 있다. 자신의 정체성을 실험하다 보면 자신과 조직에 적합한 접근 방식을 찾게 된다.

걸림돌

진정성에 대한 적응적 접근 방식을 따르려면 자연스럽게 흘러 나오지 않아 사기꾼이 된 듯한 느낌이 들지도 모른다. 하지만 안 전지대를 벗어나야 효과적인 리더십에 대해 배울 수 있다.

상사를 관리해서
내 편으로 만들어라

존 가바로, 존 코터

'상사를 관리한다'는 말이 낯설거나 이상하게 들릴 수도 있을 것이다. 물론 대부분 조직에서는 전통적으로 상명하달 방식이 강조되어, 개인적 또는 정치적 이유가 아니면 굳이 상사를 관리할 필요가 없다. 그러므로 개인적 아첨이나 정치적 책략에 대해서는 언급하지 않겠다. 이 글에서 '상사 관리하기'란 자신과 상사, 회사에 가능한 한 최상의 결과를 얻기 위해 의식적으로 상사와 협력하는 과정을 말한다.

최근 연구에 따르면 유능한 팀장은 부하직원과의 관계뿐만 아니라 상사와의 관계 관리에도 많은 시간과 노력을 투자하는 것으로 나타났다. 이 결과는 유능하고 공격적인 팀장도 관리의 필수적 측면을 간과하는 경우가 많다는 사실을 알려준다. 실제로 부하직원과 제품, 시장과 기술을 적극적이고 효과적으로 감독하는 팀장 중에도 상사에게 수동적으로 반응하는 사람이 적지 않다. 그렇지만 이런 경향은 대부분 자신과 회사 모두에 손해를 끼친다.

상사와의 관계 관리가 얼마나 중요한지 의심이 들거나 효과적인 관계 관리가 얼마나 어려운지 알고 싶다면 다음 사례를 살펴보자.

제조업계에서 인정받는 프랭크 기번스는 수익성 기준으로 볼 때 매우 유능한 팀장이었다. 1973년에 그는 자신의 강점을 바탕으로 업계에서 두 번째로 규모가 크고 수익성이 높은 회사의 제조 담당 부사장으로 승진했다. 하지만 기번스는 직원을 잘 관리하는 유형의 인물이 아니었다. 이 사실을 본인은 물론 회사 직원과 거래처 관계자들도 잘 알고 있었다. 그의 이런 약점을 잘 알고 있는 사장은 이를 보완하기 위해 그의 부서를 다른 사람들과 잘 어울려 일하는 직원들로 구성했다. 이 조치는 효과가 있었다.

1975년에 필립 보네비는 기번스의 직속 부하직원으로 승진했다. 이전과 마찬가지로, 사장은 보네비가 실적이 뛰어나고 사람들과 잘 어울린다는 평판이 있었기 때문에 선택했다. 그러나 이 선택 과정에서 사장은 보네비가 조직에서 빠르게 승진하는 내내 좋은 상사나 탁월한 상사와만 일했다는 사실을 간과했다.

보네비는 대하기 어려운 상사와 원활한 관계를 유지해야 하는 상황을 경험한 적이 없었다. 보네비는 지난 시간을 돌이켜볼 때, 상사 관리가 업무의 일부라고 생각해본 적이 없다고 인정했다.

기번스와 함께 일한 지 14개월 만에 보네비는 해고되었다. 같은 분기에 회사는 7년 만에 처음으로 순손실을 기록했다. 당시 관련자들은 무슨 일이 있었는지 정말 이해되지 않는다고 말했다.

그러나 사실 그간의 정황은 잘 알려져 있었다. 회사에서 중요한 신제품을 출시함에 따라 영업과 엔지니어링, 제조 그룹이 매우 신중하게 의사결정을 조율해야 했는데, 기번스와 보네비 사이에 오해와 불신이 있었던 것이다.

예를 들어, 보네비는 새로운 유형의 기계를 사용해 신제품을 만들기로 한 자신의 결정을 기번스가 일고 수용했다고 말했지만, 기번스는 전혀 몰랐다고 주장했다. 또한 기번스는 이 신제품 출시가 단기적으로 회사에 너무 중요해서 큰 위험을 감수할 수 없다는 점을 보네비에게 분명히 밝혔다고 한다.

이런 오해로 인해 업무가 계획대로 진행되지 않았다. 새로운 제조 공장이 건설되었지만, 기술 팀에서 의도한 신제품을 만들어낼 수 없었다. 영업 팀에서 원하는 물량만큼 생산하지 못했고, 경영위원회에서 합의한 비용에도 맞추지 못했다. 기번스는 이 잘못을 보네비 탓으로 돌렸고, 보네비는 기번스를 비난했다.

물론 기번스가 부하직원을 관리하지 못했기 때문에 문제가 발생했다고 말할 수도 있다. 하지만 마찬가지로 보네비가 상사를 관리하지 못했기 때문에 문제가 발생했다는 주장이 제기될 수도 있다. 둘 다 설득력이 있다. 기번스가 다른 부하직원들과는 별다른 어려움을 겪지 않았다는 점을 기억하자. 게다가 보네비가 개인적으로 치른 대가(해고와 업계 내 평판 실추)를 고려할 때, 기번스가 부하직원 관리에 서툴렀기 때문이라고 말하는 것만으로는 위안이 될 수 없다. 이미 모두가 알고 있는 사실이었기 때문이다.

보네비가 기번스를 더 잘 이해하고 그와의 관계를 효과적으로 유지했다면 상황이 다르게 흘러갔을 수도 있다. 결국 상향식 관리의 실패로 회사와 보네비 모두 큰 대가를 치렀다. 회사는 200만~500만 달러 상당의 손실을 보았고, 보네비의 경력은 일시적으로 중단되었다. 이와 유사한 비용 측면 손실 사례는 다수의 주요 기업에서 주기적으로 발생하며, 누적된 효과는 매우 파괴적일 수 있다.

상사와 부하직원의 관계에 관한 오해

많은 사람이 방금 소개한 사례를 단순히 성격 차이로 생긴 갈등으로 치부한다. 감정적으로나 기질적으로 함께 일하지 못하는 경우가 있으므로, 이를 전적으로 틀렸다고 할 수는 없다. 하지만 성격으로 인한 갈등은 문제의 일부이며, 많은 경우 극히 적은 부분에 불과하다.

보네비는 기번스와 성격이 달랐을 뿐만 아니라, 상사와 부하직원 관계의 본질에 대해 비현실적인 가정이나 기대를 했을지도 모른다. 구체적으로 말하자면, 보네비는 기번스와 자신이 상호 의존적 관계라는 사실을 인식하지 못했다. 이를 인식하지 못하는 팀장은 일반적으로 상사와의 관계를 관리하려고 시도하지 않거나 비효율적으로 관리한다.

어떤 사람들은 상사가 자신에게 크게 의존하지 않는다고 생각한다. 이들은 상사가 업무를 효과적으로 수행하는 데 자신의 도움과 협조가 얼마나 필요한지 인식하지 못한다. 그리고 이런 사람들은 자기 행동이 상사에게 심한 상처를 줄 수도 있으며, 상사에게 그들의 협동과 신뢰성, 정직성이 필요하다는 사실도 알지 못한다.

또 어떤 사람들은 자신이 상사에게 크게 의존하고 있음을 의식하지 못한다. 이들은 스스로 업무를 잘 수행하기 위해 상사에게 얼마나 많은 도움과 정보를 구해야 하는지도 모른다. 이처럼 피상적인 시각은 보네비의 경우처럼 팀장의 업무와 결정이 조직의 다른 부분에 영향을 미칠 때 특히 좋지 않다. 팀장의 직속 상사는 팀장을 조직의 다른 부서와 연결하고, 팀장의 우선순위가 조직의 요구와 일치하는지 확인하며, 팀장이 업무를 잘 수행하기 위해 필요한 자원을 확보하는 데 중요한 역할을 한다. 그러나 일부 팀장은 상사가 제공하는 중요한 정보와 자원이 필요하지 않다고 생각해 자신이 직접 모든 정보와 자원을 조달하려고 한다.

많은 팀장이 보네비처럼 상사가 부하직원에게 어떤 정보나 도움이 필요한지 알고, 그것을 제공해줄 거라고 기대한다. 물론 이런 식으로 부하직원을 보살피듯 도와주는 상사도 있겠지만, 모든 상사에게 그런 기대를 하는 것은 위험할 정도로 비현실적이다.

팀장이 품어야 할 더 합리적인 기대는 상사에게 적절한 도움을 받으리라 예상하는 것이다. 상사도 한 인간일 뿐이다. 대부분 유능한 팀장은 이 사실을 받아들이고 자기 경력과 발전에 대한 일차적 책임을 진다. 이들은 상사가 업무 수행에 필요한 정보와 도움을 주기를 기다리지 않고 스스로 찾으려 노력한다.

앞에서 살펴본 바와 같이, 잘못을 저지를 수 있는 인간 사이에서 상호 의존하는 상황을 관리하기 위해서는 다음과 같은 자세가 필요하다.

- 상대방과 자신, 특히 강점과 약점, 업무 스타일 및 요구 사항에 대해 제대로 이해하고 있어야 한다.

- 이런 정보를 사용해 건전한 업무 관계를 개발하고 관리해야 한다. 이런 업무 관계는 두 사람의 업무 스타일과 자산 양쪽에 도움이 되고 상호 기대치가 일치하며 상대방의 가장 중요한 필요를 충족시킬 수 있어야 한다.

이러한 사항은 아주 유능한 팀장들에게서 기본적으로 나타나는 특성이다.

상사의 상황을 파악하라

팀장이 상사를 관리하기 위해서는 상사와 그의 상황, 그리고 자신의 상황에 대한 인식이 필요하다. 모든 팀장이 어느 정도 노력은 하지만 제대로 하는 팀장은 드물다.

최소한 상사의 목표와 압박감, 강점과 약점 정도는 파악하고 있어야 한다. 상사의 조직적 목표와 개인적 목표는 무엇이며, 특히 상사와 같은 직급에 있는 다른 사람들로부터 받는 압박은 무엇인가? 상사의 장점과 단점은 무엇인가? 상사가 어떤 업무 스타일을 선호하는가? 상사가 메모와 공식 회의 또는 전화 통화를 통해 정보를 얻는 것을 좋아하는가? 상사가 갈등을 즐기는 편인가, 아니면 갈등을 최소화하려는 편인가? 이런 정보가 없으면 상사를 대할 때 맹목적으로 행동해, 불필요한 갈등이나 오해와 문제가 발생할 수밖에 없다.

우리의 한 연구 사례에서, 업무 성과가 최고 수준인 마케팅 팀장이 '마케팅과 영업 문제를 해결하기 위해' 회사의 부사장으로 채용되었다. 이 회사는 자금 부족에 시달리고 있었고, 경영난으로 최근 대기업에 인수된 상태였다. 회사를 혁신하기 위해 사장은 새로운 마케팅 부사장에게 많은 권한을 부여했다. 신임 부사장은 과거 경험을 바탕으로, 회사가 회복하려면 시장 점유율을 확대해야 하며, 이를 위해서는 강력한 제품 관리가 우선시되어야 한다고 정확하게 진단했다. 이 논리에 따라 그는 대량 거래를 늘리기 위해 여러 제품의 가격 결정을 내렸다.

그러나 회사의 수익이 감소하고 재정 상황이 개선되지 않자, 사장은 신임 부사장에 대한 압박을 강화했다. 회사가 시장 점유율을 회복하면 상황이 저절로 개선될 거라고 믿었던 부사장은 이런 압박에 불만을 품었다.

2분기가 되어도 마진과 이익이 개선되지 않자, 사장은 가격 결정을 직접 통제하고 전 품목에 일정 수준의 마진을 설정했다. 신임 부사장은 사장이 자신을 배제한다고 느꼈고, 두 사람의 관계가 악화되기 시작했다. 사실 부사장은 사장의 행동에 문제가 있다고 생각했다. 사장의 새로운 가격 책정 방식으로도 수익이 늘지 않아, 결국 4분기에 사장과 부사장 모두 해고되었다.

신임 부사장은 마케팅 및 영업 개선이 사장의 목표 중 하나에 불과하다는 사실을 너무 늦게 깨달았다. 그의 가장 시급한 목표는 빠르게 회사의 수익을 창출하는 것이었다.

부사장은 자기 상사가 개인적 이유와 사업적 이유로 단기적인 우선순위에 투자한다는 사실도 인지하지 못했다. 사장은 모회사 내에서 합병을 강력하게 지지하는 사람이었으며, 그의 개인적 신뢰도도 매우 위태로운 상황이었다.

부사장은 3가지 기본적인 오류를 범했다. 자신에게 제공된 정보를 액면 그대로 받아들였고, 정보가 없는 부분은 적당히 추측했다. 상사의 목표가 무엇인지 적극적으로 확인하지 않은 것이 가장 치명적인 실수였다. 그 결과, 사장의 우선순위나 목표와 상반되는 행동을 했다.

상사와 효과적으로 협력하는 팀장은 이런 식으로 행동하지 않는다. 그들은 상사의 목표와 문제, 스트레스에 대한 정보를 파악하려 한다. 상사와 주변 사람들에게 질문하면서 자기 생각을 시험할 기회를 모색한다. 그리고 상사의 행동에서 읽을 수 있는 단서에 주의를 기울인다. 특히 새로운 상사와 함께 일하기 시작할 때는 이 작업을 수행하는 것이 필수적이지만, 유능한 팀장은 우선순위와 관심사가 바뀔 수 있음을 알기 때문에 지속적으로 이 작업을 수행한다.

특히 상사가 새로 부임하는 경우에는 상사의 업무 스타일을 파악하는 것이 매우 중요하다. 예를 들어, 비공식적이고 직관적인 사장 후임으로 체계적이고 형식적인 접근 방식을 선호하는 신임 사장이 부임했을 때는 보고서를 작성하는 것이 가장 효율적이었다. 또한 이 사장은 안건이 정해진 공식적인 회의를 선호했다.

팀장 중 한 명은 이런 필요성을 깨닫고 신임 사장과 함께 일하면서 그가 원하는 정보와 보고서의 유형 및 보고 빈도를 파악했다. 이 팀장은 또한 토론을 위해 배경 정보와 간단한 안건의 요점을 사전에 알려주었다. 이런 준비 과정을 통해 신임 사장은 회의가 매우 유용하다는 점을 알게 되었다. 팀장의 도움을 받아 적절하게 준비한 신임 사장이 비공식적이고 직관적인 전임자보다 훨씬 더 효과적으로 문제를 브레인스토밍할 수 있었다는 결과도 흥미롭다.

반면, 다른 팀장은 신임 사장의 업무 스타일이 전임자와 어떻게 다른지 제대로 이해하지 못했다. 그 사실을 깨달을 때까지 신임 사장이 자신을 지나치게 통제한다고 느꼈을 정도다. 그는 신임 사장에게 필요한 배경 정보를 거의 제공하지 않았고, 사장도 그 팀장과의 회의가 제대로 준비되지 않았다고 생각했다. 사장은 실제로 사전에 알고 있어야 할 정보를 얻는 데 많은 시간을 보내야 했다. 그래서 이 회의가 불만스럽고 비효율적이라 느꼈으며, 팀장은 사장이 던지는 질문에 당황하는 경우가 많았다. 결국 이 팀장은 해고되었다.

앞서 언급한 두 팀장의 차이는 업무 능력이나 적응력의 차이
가 아니다. 첫 번째 팀장이 두 번째 팀장보다 상사의 업무 스타
일과 상사가 진정으로 요구하는 것을 더 잘 파악했을 뿐이다.

자기 자신을 이해하라

상사와의 관계는 전체 업무의 절반에 불과하다. 나머지 절반은
스스로 통제할 수 있는 부분이다. 따라서 효과적인 업무 관계를
발전시키기 위해서는 자신의 요구 사항, 강점과 약점, 스타일을
파악해야 한다.

상사의 기본 성품도, 자신의 기본 성품도 바꿀 수 없다. 하지
만 무엇이 상사와의 관계와 업무를 방해하며 무엇이 도움이 되
는지 인식하고, 그것을 바탕으로 더욱 효과적인 관계를 만들기
위한 행동을 취할 수는 있다.

예를 들어, 앞에서 살펴본 사례에서는 팀장과 상사의 의견이
다를 때 항상 문제가 발생했다. 상사는 자기 입장을 확고히 하고
거듭 내세우는 전형적인 반응을 보였다. 팀장 역시 자기 입장을
더욱 강력하게 고수했다. 이 과정에서 팀장은 자신의 분노를 상
사의 주장에서 발견한 논리적 오류를 날카롭게 공격하는 데 쏟

아부었다. 그럴수록 상사는 기존 입장을 더욱 단호하게 고수했고, 악순환이 반복되자 팀장은 상사와 갈등을 일으킬 수 있는 주제를 되도록 피하려고 했다.

팀장은 동료들과 이 문제를 논의할 때와 같은 방식으로 상사에게 반론을 제기했지만, 한 가지 차이점이 있다는 것을 발견했다. 동료들에게 반론을 제기할 때는 상대를 압도했지만, 상사에게는 통하지 않았다. 상사와 문제를 논의하려는 시도가 실패로 돌아가자, 그는 상황을 바꿀 수 있는 유일한 방법이 자신의 본능적 반응을 자제하는 것이라고 결론 내렸다. 두 사람이 교착 상태에 빠질 때마다 그는 자신이 너무 조급해하지 않는지 확인하고 좀 더 생각한 뒤 다시 회의하자고 제안했다. 다시 대화할 때는 서로 의견차를 인지하고 문제를 더 잘 해결할 수 있었다.

이 정도 수준까지 자기인식을 하고 그에 따라 행동하기는 쉽지 않지만, 불가능하지도 않다. 예를 들어, 한 젊은 팀장은 자신의 예전 경험을 되돌아보면서 그동안 사람들과 관련된 까다로운 감정적 문제를 잘 다루지 못했다는 사실을 깨달았다.

그는 본능적으로 튀어나오는 자신의 반응이 별로 효과적이지 않다는 사실을 알아채고 이 문제를 해결하고 싶어 했다. 그래서 이런 문제가 발생할 때마다 상사와 상의하는 습관을 키웠다. 상사와 대화할 때마다 자신이 미처 생각하지 못했던 아이디어와 접근 방식이 도출되었고, 상사가 도움을 줄 만한 구체적인 방법도 많이 얻었다.

상사와 부하직원의 관계는 상호 의존적이지만, 일반적으로 부하직원이 상사에게 더 많이 의존하는 경향이 있다. 이런 의존성으로 인해, 부하직원은 상사의 결정에 따라 자기 행동이나 선택이 제약을 받으면 좌절하고 심하면 분노하기도 한다. 이는 아주 정상적이며, 가장 좋은 관계에서도 자주 발생한다. 팀장이 이런 좌절감을 처리하는 방식은 주로 실권자에게 의존하는 정도에 따라 결정된다.

이런 상황에서 어떤 사람들은 상사의 권위를 못마땅하게 여기고 그의 결정에 본능적으로 반발하기도 한다. 때로는 적정 수위 이상으로 갈등을 증폭시키는 사람도 있다. 이런 유형의 팀장은 상사를 거의 제도상의 적으로 간주하고, 그 사실을 의식하지 못한 채 상사와 단순히 싸우기 위한 싸움을 하는 경우가 많다. 제약을 받는 것에 대한 부하직원의 반응은 대체로 강하고 가끔은 충동적이다. 그는 상사를 자기 커리어의 발전에 방해가 되는 사람, 극복해야 할 장애물 또는 기껏해야 회피할 사람 정도로 여긴다.

심리학자들은 이런 반응 패턴을 '반反의존적 행동'이라고 부른다. 반의존적인 사람은 상사에게 관리하기 어려운 부하직원으로 인식되며, 상사와 불편한 관계를 맺는 경향이 있다. 이런 유형의 팀장은 상사가 지시적이거나 권위적일 때 더 큰 문제를 일으킬 가능성이 높다. 팀장이 자신의 부정적인 감정을 미묘하고 비언어적인 방식으로 표현할 때는 상사가 적이 될 수 있다. 부하직원의 잠재적 적대감을 감지한 상사는 부하직원의 판단력을 신뢰하지 않고 그를 열린 자세로 대하지 않는다.

역설적으로, 이런 성향의 팀장은 대체로 자기 직원을 잘 관리한다. 직원들을 지원하기 위해 부단히 노력하며, 그들을 위해 직접 나서서 싸우는 데 주저하지 않는다.

정반대 성향의 팀장은 상사가 잘못된 결정을 내려도 분노를 참고 매우 순응적인 태도를 보인다. 이런 팀장은 상사가 반대 의견을 적극적으로 권장하거나 좀 더 많은 정보가 주어지면 의사결정을 쉽게 바꿀 만한 사안에도 동의한다. 현재 처한 특정 상황에 별로 관심이 없기 때문에, 이들의 반응은 반의존적 팀장 못지않게 과하다고 할 수 있다. 이들은 상사를 적으로 여기는 대신 분노를 거부하며 다른 극단으로 치닫는다. 상사를 마치 모든 것을 아는 전지전능한 부모로 여긴다. 자기 커리어를 책임지며, 필요한 모든 것을 가르쳐주고, 지나치게 야심 찬 동료로부터 자신을 보호해주리라 믿는 것이다.

반의존과 과의존 관점 모두 상사를 비현실적으로 바라보는 것이다. 두 관점 모두 상사도 다른 사람과 마찬가지로 불완전하고 실수할 수 있다는 점을 간과한다. 상사는 무한한 시간과 백과사전 같은 지식, 초감각적 지각이 있는 존재가 아니며 사악한 적도 아니다. 자신만의 압박감과 우려 때문에 부하직원의 바람과 다르게 행동해 갈등을 빚는 경우도 간혹 있다. 이럴 때는 대부분 충분한 이유가 있다.

특히 극단적인 상황에서는 집중적인 심리 치료 없이 권위에 대한 성향을 바꾸기란 거의 불가능하다(정신분석 이론과 연구에 따르면 개인의 성격과 성장 배경에 깊이 뿌리를 두고 있다). 그럼에도 극단적인 상황이 무엇인지, 어떤 경우가 극단적인 상황에 속하는지 등을 알면 자신이 어떤 성향이며 상사와의 관계에서 스스로의 행동이 어떤 영향을 미치는지 더 잘 이해할 수 있다.

만약 자신이 반의존적 성향이라고 생각된다면 자신의 반응과 과잉 반응이 어떻게 나타날지 예측할 수 있다. 그 반면에 자신이 의존이 심해 현실적 갈등을 직면하지 못한다면 그런 성향이 자신과 상사에게 얼마나 비효율적인지 따져볼 수 있다.

상사와의 관계를 발전시키고 관리하는 법

상사와 자기 자신을 명확히 이해하면 대개 서로에게 잘 맞고, 상호 기대치가 명확할 뿐 아니라, 생산성과 효율성을 높이는 데도 도움이 되는 협력 방식을 정립할 수 있다. 173쪽에 정리한 '상사 관리를 위한 체크리스트'를 확인해보면 이런 관계를 구성하는 요소를 알 수 있다.

상사 관리를 위한 체크리스트

다음 사항을 점검해 상사와 자신의 상황을 확인해보라.

- 목표와 목적
- 압박
- 강점, 약점, 맹점
- 선호하는 업무 스타일

자기 자신을 평가하고 무엇이 필요한지 점검해보라.

- 강점 및 약점
- 개인적 스타일
- 실권자에게 의존하는 성향

다음과 같은 관계를 발전시키고 유지하라.

- 자신의 요구 사항과 스타일 모두에 부합함
- 상호 기대치가 일치함
- 상사에게 지속적으로 정보를 제공함
- 신뢰와 정직에 기반함
- 상사의 시간 및 자원을 선택적으로 활용함

양립 가능한 업무 스타일을 구축하라

상사와 좋은 업무 관계를 유지하면 서로 다른 업무 스타일의 차이를 수용할 수 있다.

한 가지 사례를 살펴보자. 상사와 비교적 좋은 관계를 유지하고 있던 어느 팀장은 회의 도중에 상사가 자주 부주의하고 때로는 퉁명스럽게 말한다는 사실을 알고 있었다. 하지만 그 팀장은 담론적이고 탐구적인 스타일이었다. 그는 번번이 당면한 주제에서 벗어나 배경 요인과 대안적 접근법 등에 대해 이야기하곤 했다. 상사는 최소한의 배경지식으로 문제를 논의하기를 선호하는 사람이어서, 부하직원이 눈앞의 주제에서 벗어날 때마다 참을성을 잃고 주의가 산만해졌다.

이런 스타일의 차이를 인식한 팀장은 상사와의 회의에서 더 간결하고 직설적으로 말하기 시작했다. 이를 위해 그는 회의 전에 간단한 안건을 작성해 회의 진행 지침으로 사용했다. 그리고 부연 설명이 필요하다고 느낄 때마다 그 이유를 설명했다. 이렇게 스타일을 조금 바꾸자 회의가 훨씬 더 효과적으로 변했고, 두 사람의 불만이 모두 해소되었다.

부하직원은 상사가 선호하는 정보 수용 방식에 따라 자신의 스타일을 조정할 수 있다. 현대 경영학의 창시자인 피터 드러커 Peter Drucker는 상사를 '듣는 사람listener'과 '읽는 사람reader'으로 구분한다. 어떤 상사는 정보를 보고서 형태로 받아서 읽고 연구하는 것을 좋아한다. 또 다른 상사에게는 직접 듣고 질문할 수 있는 정보 및 보고 형태가 더 효과적이다. 드러커가 지적했듯이, 그 영향은 분명하다. 상사가 '듣는 사람'이라면 직접 대면해서 보고하고 이후 메모를 작성해야 한다. 상사가 '읽는 사람'이라면 중요한 항목이나 제안을 메모나 보고서로 작성해서 전달한 다음 토론을 진행하는 것이 바람직하다.

상사의 의사결정 스타일에 따라 업무 방식을 바꾸는 것이 좋다. 의사결정을 하거나 문제가 발생할 때마다 개입하는 것을 선호하는 상사는 업무의 흐름을 직접 파악하기를 원하며 참여도가 높다. 이런 경우에는 일반적으로 팀장과 상사가 수시로 소통할 때 양측의 요구가 가장 잘 충족된다. 상사가 개입할 필요가 있다고 생각하면 어떤 식으로든 관여하므로, 팀장은 주도적으로 상사를 참여시키는 것이 유리하다.

그러나 업무에 관여하지 않고 위임하는 것을 선호하는 상사는 중대한 사안이 있을 때만 연락해서 중요한 변경 사항을 알려주기를 바란다.

양립 가능한 관계를 구축하기 위해서는 팀장과 그 상사가 서로의 강점을 활용하고 약점을 보완하는 것이 중요하다. 어느 팀장은 엔지니어링 담당 부사장인 상사가 직원들의 문제를 모니터링하는 데 미숙하다는 사실을 알고 직접 모니터링에 참여했다. 위험 부담이 큰 일이었다. 엔지니어와 기술자는 모두 노조원이며, 회사는 고객 계약을 기반으로 일하는 데다 최근 심각한 파업을 경험했기 때문이다.

이 팀장은 상사, 스케줄 관리 부서 및 인사팀 직원들과 긴밀히 협력해 잠재적 문제를 피할 수 있도록 노력했다. 또 조처하기 전에 상사가 제안한 인사 또는 배치 정책의 변경 사항을 함께 검토하는 비공식적인 합의 체제를 고안했다. 상사는 그의 조언을 소중히 여기고 부서의 성과와 노사 관계를 모두 개선한 팀장의 공로를 인정했다.

서로에 대한 기대를 명확히 파악하라

상사의 기대를 제대로 파악하지 못하는 부하직원은 어려움을 겪을 수 있다. 물론 자신의 기대치를 매우 명확하고 자세하게 설명하는 상사도 있지만 대부분은 그렇지 않다.

많은 기업에서 공식적인 프로젝트 계획 절차와 경력 계획 검토, 성과 평가 검토 등 상사의 기대를 전달하기 위한 기반 시스템을 갖추고 있지만, 이런 시스템이 제대로 작동하는 경우는 거의 없다. 그리고 대체로 공식 점검 과정에서 상사의 기대치는 바뀌기 마련이다.

결국 상사가 원하는 것을 파악해야 한다는 부담은 고스란히 부하직원의 몫이다. 그 부담은 상사가 어떤 문제를 언제 보고받기를 원하는지와 같이 포괄적일 수도 있고, 특정 프로젝트를 언제 완료해야 하는지, 그사이 상사에게 어떤 정보가 필요한지처럼 매우 구체적일 수도 있다.

자신이 원하는 것을 소극적으로 또는 불명확하게 표현하는 상사의 경우 기대치를 파악하기가 어려울 수 있다. 하지만 유능한 팀장은 그에 대한 정보를 수집할 방법을 찾는다. 어떤 팀장은 업무의 주요 측면을 상세히 설명하는 메모를 작성해 상사에게 보내고 승인받는다. 그런 다음 상사와 대면해 메모의 각 항목을 검토하는 토론을 진행한다. 이와 같은 토론에서는 상사가 기대하는 바가 속속들이 드러난다.

또는 '좋은 관리'와 '팀의 목표'에 대해 지속적으로 비공식 토론을 함으로써 모호하게 말하는 상사를 상대하는 팀장도 있다. 또 다른 팀장은 이전에 상사와 함께 일한 사람들을 통해, 혹은 상사가 자기 상사에게 약속하는 공식적인 계획 절차를 통해 직·간접적으로 유용한 정보를 얻기도 한다. 물론 어떤 접근 방식을 선택할지는 상사의 스타일에 따라 달라져야 한다.

실행 가능한 상호 기대를 도출하려면, 팀장 스스로 자신이 무엇을 기대하는지 상사에게 명확히 밝히고 그 기대가 현실적인지 확인해야 한다. 그 뒤에 팀장 자신이 중요하게 여기는 요소를 상사가 받아들일 수 있도록 조처해야 한다.

상사가 과도한 성취를 추구하는 경우에는 팀장이 먼저 자신의 기대를 설명하고 상사로 하여금 이를 중요하게 고려하도록 만들어야 한다. 이런 유형의 상사는 비현실적으로 높은 기준을 설정하기 때문에 현실에 맞게 조정할 필요가 있다.

상사의 스타일에 맞춰 정보를 전달하라

상사가 부하직원의 일에 관해 필요한 정보의 양은 상사의 스타일, 상사가 처한 상황, 부하직원에 대한 신뢰도에 따라 크게 달라진다.

일반적으로 상사는 부하직원이 업무 중에 자연스럽게 제공하는 수준보다 더 많은 정보를 필요로 하며 부하직원이 실제로는 더 많은 정보를 알고 있다고 생각한다.

따라서 팀장은 상사에게 충분한 정보를 제공해야 한다는 사실을 인지하고, 상사의 스타일에 맞는 절차를 통해 상사에게 정보를 제공할 방법을 모색해야 한다.

특히 상사가 업무 중 발생한 문제 상황에 대한 소식을 달가워하지 않는 유형인 경우에는 정보의 흐름을 상향식으로 관리하기가 어렵다. 아마도 많은 상사들이 그 사실을 부인하겠지만, 상사는 주로 좋은 소식만 듣고 싶어 한다는 신호를 보낸다. 누군가 문제에 대해 이야기할 때 대개 비언어적 방식으로 무척 불편하다는 기색을 드러내는 식이다. 그런 상사는 개개인의 성과를 무시하면서 자기에게 문제를 들고 오지 않는 부하직원을 더 우호적으로 평가하기도 한다.

그렇지만 상사는 조직과 상사, 부하직원을 위해 성공뿐 아니라 실패에 대해서도 기꺼이 들을 준비가 되어 있어야 한다. 어떤 부하직원은 경영정보 시스템과 같이 필요한 정보를 간접적으로 얻는 방법을 찾아 좋은 소식만 상사에게 보고하는 반면, 어떤 부하직원은 좋은 소식이든 나쁜 소식이든 잠재적 문제를 즉시 전달한다.

정직하게 신뢰를 쌓아라

의지할 수 없고, 신뢰할 수 없는 일을 하는 부하직원만큼 상사를 무력하게 만드는 것은 없다.

일부러 미덥지 못한 행동을 하려는 사람은 없겠지만, 많은 팀장이 상사의 우선순위에 대해 모르거나 확신이 없기 때문에 무심코 그런 행동을 한다.

예를 들어 납기일에 대한 낙관적인 약속은 단기적으로 상사를 기쁘게 할 수 있지만, 지키지 못할 경우 상사가 불만을 갖는 원인이 될 수 있다. 상사는 반복해서 마감일을 어기는 부하직원을 신뢰하지 않는다. 한 사장은 (부하직원에 대해) 이렇게 말한다.

"차라리 좋은 결과를 내는 횟수가 적더라도 좀 더 일관성이 있으면 좋겠어요. 그러면 적어도 믿을 수는 있으니까요."

상사를 의도적으로 속이고자 하는 팀장은 없을 것이다. 진실을 감추고 문제를 축소하기는 쉽다. 하지만 현재의 우려가 미래에 예상치 못한 문제가 되는 경우가 많다. 상사가 부하직원의 정확한 보고를 신뢰할 수 없다면 효율적으로 일하기는 거의 불가능하다.

이렇듯 신뢰성이 훼손되기 때문에 부정직은 부하직원의 가장 골치 아픈 특성이다. 기본적인 신뢰가 없으면 상사는 팀장의 결정을 일일이 확인해야 한다는 강박관념에 시달리며, 업무 위임이 어려워지는 상황이 벌어진다.

시간과 자원을 효율적으로 활용하라

상사 역시 시간과 에너지, 영향력에 한계가 있다. 팀장이 상사에게 무언가 요청할 때마다 상사는 이 자원을 사용한다. 따라서 상사에게 요청할 때는 선택적으로 활용하는 것이 현명하다. 당연한 말처럼 들리겠지만, 많은 팀장들이 비교적 사소한 문제로 상사의 시간을 사용하며 그로 인해 때로는 그간 쌓은 신뢰도 잃는다.

예컨대, 자신이 담당하지 않는 다른 부서의 비서를 해고하기 위해 상사에게 지속적으로 어필한 부사장이 있었다. 그의 상사는 이 과정에서 상당한 영향력을 행사했고, 당연히 해당 부서 책임자는 이를 탐탁지 않게 여겼다. 이후 시간이 지나 다른 중요한 문제에 부닥치자 그 부사장은 곤란한 상황에 처했다. 비교적 사소한 문제에 상사의 자원을 소모하는 바람에 더 중요한 목표를 달성하기 어려워진 것이다.

물론 현재 업무 외에 상사와의 관계를 관리하는 데 시간과 에너지를 쏟아야 한다는 점에 의문을 품는 부하직원도 있을 것이다. 이런 활동의 중요성을 인지하고 잠재적으로 심각한 문제를 제거해 어떻게 하면 업무를 간소화할 수 있는지 제대로 인식하지 못하기 때문이다.

하지만 유능한 팀장은 이 일의 중요성을 알고 있다. 조직의 성과에 대한 궁극적인 책임이 자신에게 있다고 생각하며, 상사를 포함해 자신이 의존하는 모든 사람과의 관계를 구축하고 관리하는 것이 자신이 해야 할 업무라는 사실을 분명히 알고 있다.

존 가바로는 하버드 경영대학원 UPS 재단의 인적자원관리 명예교수다. 《리더의 조건The Tests of a Leader》(21세기북스, 2009) 등을 집필했다.

존 코터는 변화 관리 분야 석학으로, 하버드 경영대학원의 마쓰시타 고노스케 리더십 명예교수다. 전 세계 각종 최고경영자를 대상으로 기업의 성공적인 경영혁신 관련 강연 활동을 하고 있다. 변화 관리의 교과서로 불리는 《기업이 원하는 변화의 리더Leading Change》(김영사, 2007), 《기업이 원하는 변화의 기술The Heart of Change》(김영사, 2007)을 비롯해, 《위기감을 높여라Sense of Urgency》(김영사, 2009), 《변화 관리Change》(21세기북스, 2009), 경영 혁신 우화 《빙산이 녹고 있다고?Iceberg is Melting?》(김영사, 2011), 《하던 대로나 잘하라고?That's not how do it here!》(김영사, 2017) 등을 집필했다.

상사와 명확하게 의사소통하는 법

상사를 관리하라니, 그건 단순한 조작 아닌가? 회사에 아부하라는 건가? 아니면 윗사람의 비위를 맞추라는 건가? 처음 이런 이야기를 들으면 혼란스러울지도 모른다. 그러나 상사를 관리하는데는 다음과 같은 매우 합리적인 이유가 있다. 자신뿐만 아니라 상사와 회사를 위해 최고의 업무를 수행할 자원을 확보하기 위해서다.

우리는 자신과 상사의 강점과 약점, 목표와 업무 스타일, 욕구를 이해하는 상호 존중과 이해를 바탕으로 건강하고 생산적인 업무 관계를 적극적으로 추구한다. 그렇지 않으면 어떤 일이 벌어지는지 살펴보자.

느슨하고 직관적인 전임 사장의 후임으로 형식적인 업무 스타일의 신임 사장이 부임했다. 신임 사장은 서면 보고서와 체계적인 회의를 선호했다. 팀장 중 한 명은 이런 방식이 너무 통제적이라고 생각했다. 그는 배경 정보를 거의 제공하지 않았고, 예상치 못한 질문에 당황하는 경우가 많았다. 사장은 그와의 회의가 비효율적이고 도움이 되지 않는다고 생각했다. 결국 그 팀장은 회사를 그만두었다.

이와 대조적으로, 상사의 스타일에 대한 팀장의 세심한 배려가 실제로 어떤 결과를 가져왔는지 볼 수 있는 사례도 있다.

이 팀장은 사장이 원하는 정보의 종류와 빈도를 파악해 배경 보고서와 토론 안건을 미리 보냈다. 그 결과 이전 사장보다 훨씬 더 생산적인 회의를 했으며, 혁신적으로 문제를 해결할 수 있었다.

팀장들은 상사가 자신에게 얼마나 많이 의존하는지 깨닫지 못한다. 상사에게는 직속 부하직원의 협력과 신뢰, 정직이 필요하다. 또한 많은 팀장이 조직 내 다른 부서와의 연계, 우선순위 설정, 중요한 자원 확보 등에서 자신이 상사에게 얼마나 많이 의존하는지도 깨닫지 못한다.

이런 상호 의존의 중요성을 인식한 유능한 팀장은 상사의 관심사에 대한 정보를 찾고 그의 업무 스타일에 민감하게 반응한다. 권위에 대한 자신의 태도가 관계를 망칠 수 있다는 것도 안다. 어떤 사람은 상사를 적으로 여기고 사사건건 맞서는가 하면, 마치 부모같이 생각하고 지나치게 순종하는 사람도 있다.

다음 사항에 집중하면 상호 의존의 이점을 누리고 상사와의 관계를 생산적으로 발전시킬 수 있을 것이다.

- **양립 가능한 업무 스타일:** 상사마다 정보를 처리하는 방식이 다르다. '듣는 사람'은 질문할 수 있도록 직접 브리핑 받는 것을 선호하고, '읽는 사람'은 서면으로 된 정보를 먼저 처리한 다음 만나서 토론하기를 원한다.

의사결정 스타일도 상사마다 다르다. 어떤 상사는 적극적으로 개입하고 자주 연락하는 반면, 다른 상사는 위임하는 것을 선호한다. 위임을 선호하는 상사에게는 이미 내린 중요한 결정에 대해 알려야 한다.

- **상호 기대:** 막연히 상사가 무엇을 기대하는지 안다며 소극적으로 생각하지 말고 적극적으로 파악한다. 어떤 상사에게는 세부적인 업무 개요서를 작성해서 승인받아야 하지만, 다른 상사와는 신중하게 계획된 논의를 하는 것이 중요하다.

자신의 기대치가 현실적인지 알아보기 위해 그 기대치를 전달한다. 상사가 가장 중요한 기대치를 받아들이도록 설득한다.

- **정보 흐름:** 팀장은 통상적으로 상사가 무엇을 알아야 하는지,

그리고 상사가 무엇을 알고 있는지 과소평가한다. 상사의 스타일에 맞는 절차를 통해 상사에게 정보를 제공한다. 좋은 소식과 나쁜 소식에 대해 솔직하게 말할 수 있어야 한다.

- **신뢰성 및 정직성:** 신뢰할 만한 부하직원은 지킬 수 있는 약속만 하고, 진실을 감추거나 어려운 문제를 축소하지 않는다.
- **시간과 자원의 효율적인 활용:** 사소한 문제로 상사의 시간을 낭비하지 않는다. 상사의 시간과 자원을 선택적으로 활용해 자신과 상사, 그리고 회사의 최종 목표를 달성한다.

의견을 관철하고
상사의 동의를 얻는 법

수전 애슈퍼드, 제임스 디터트

에너지 회사의 엔지니어링 팀장 존 힐리는 상사에게 지금보다 안전하고 저렴한 가스 세정 기술을 알리고 이를 회사에 도입하고 싶었다. 그러나 그의 상사가 불과 1년 전에 지금의 시스템을 도입한 탓에, 힐리의 말을 빌려 말하자면 이 교체 과정에는 '조심스러운 접근'이 필요했다.

다행히 새로운 기술에 대한 사용자 리뷰가 몇 달 전에 공개되었고, 힐리는 그의 상사를 비롯한 다른 고위 경영진을 대상으로 한 프레젠테이션에서 이 점을 재치 있게 언급했다. 비슷한 공장에서 실행한 사례를 바탕으로 두 시스템을 자세히 비교하기도 했다. 또한 데이터에 따르면 새로운 시스템으로 오염 물질을 더 효율적으로 제거해 연간 약 70만 달러 절감하는 것으로 나타났다. 힐리의 상사는 이에 대해 확고한 태도를 보이지 않았기에 힐리는 상사가 신뢰하고 존경하는 바이오 가스 전문가를 초청해 새로운 기술의 장점에 관해 이야기했다. 그 결과 마침내 회사는 투자를 결정하고 새로운 시스템을 도입했다.

힐리와 같은 중간 리더가 변화의 필요성을 인지하고 추진하지 않는 한 조직은 번영할 수 없다. 중간 리더들은 고객과 공급업체, 동료들과 직접 접촉하면서 귀중한 정보를 수집한다. 예를 들어, 중간 리더는 특정 제품 관련 시장이 무르익는 시기를 파악하거나 어떤 파트너십이 잘 풀리지 않을 거라는 점을 조기에 감지할 수 있다. 하지만 부정적 결과에 대해 두려워하거나 상명하달식 문화를 준수하는 태도 등 여러 가지 이유로 아이디어와 우려를 드러내지 않을 수도 있다. 최근 뉴스 기사나 이 분야에 관한 연구를 통해 알 수 있듯이, 이와 같은 침묵은 경제학에서 말하는 '규제 포획(규제가 소비자의 권리나 건전한 국제 질서보다 특정 산업계의 이익 쪽으로 치우치는 현상-옮긴이)'이나 확인되지 않은 제품의 안전 위험과 같은 심각한 결과를 초래할 수 있다.

중간 리더는 의견을 표현하더라도 대부분 자기 아이디어를 최고 경영진에게까지 전달하기가 힘들다. 의사결정 과정 초기 단계에 참여하더라도 '전략적' 수준으로 문제를 끌어올리기 어렵다는 사실을 깨닫는다. 그런 대화에 참여할 수 있다고 하더라도 말이다.

연구에 따르면 고위 경영진은 아랫사람들의 좋은 아이디어를 너무 자주 무시한다. 그 주된 이유는 아이디어가 조직 성과와 관련 있다고 인식하지 못하면 관심을 기울일 만큼 중요하지 않다고 판단하기 때문이다.

중간 리더는 이런 인식을 바꾸기 위해 노력해야 한다. 이를테면 신뢰도를 높여주는 개인별 기여도와 높은 실적, 의견을 말해도 안전한 문화 등 특정한 상황적 요인이 갖춰져 있다면 중간 리더의 임무가 더 쉬워진다. 리더는 이런 요소들이 갖춰져 있든 그렇지 않든 강력한 설득 방법으로 성공 가능성을 높일 수 있다. 존 힐리의 접근 방식을 보면, 그는 상사가 현재 시스템을 도입했던 선택이 나빠 보이지 않도록 감성지능적인 행동을 바탕으로 아이디어를 제시하고, 유사한 회사의 강력한 증거로 이를 뒷받침했으며, 자기주장을 강화하기 위해 신중하게 선택한 외부 전문가를 데려왔다.

제인 더턴Jane Dutton과 수전 애슈퍼드는 20년도 더 전에 '이슈 셀링issue selling(상대에게 자기 아이디어를 이야기해서 설득시키는 것-옮긴이)'이라는 개념을 학문적 담론에 도입했다. 그리고 그 이후 새로운 아이디어에 효과적으로 지지를 얻을 수 있는 전략에 대한 연구가 계속해서 이루어졌다.

최근 연구에서는 다양한 역할과 업계에 걸쳐 조직에서 실제로 효과 있는 전략에 대한 조사가 이루어졌다. 참가자들은 새로운 제품과 절차, 시장 또는 고객을 추구하기 위한 아이디어, 기존 제품이나 절차를 개선하기 위한 아이디어, 직원의 요구를 더 잘 충족시켜주기 위한 아이디어 등 기본적인 3가지 유형의 아이디어를 셀링한 경험을 설명했다.

연구 결과, 목표를 달성하는 이슈 셀러들은 수사학적 기술과 정치적 민감성, 대인관계 등을 활용해 자기 아이디어와 우려를 표명할 최적의 방법과 장소, 시간을 찾아내고 올바른 리더를 대상으로 행동하는 것으로 나타났다. 특히 이들은 리더의 동의를 얻지 못한 사람들에 비해 앞으로 소개할 7가지 전술을 훨씬 더 자주 사용했다. 이 글에서는 관리자들이 아이디어의 추진력을 얻기 위해 이 전술을 어떻게 사용할 수 있는지 소개하고 예를 들어가며 연구 결과를 설명할 것이다. 각 전술은 관심과 자원을 얻기 위해 확장되는 캠페인의 일부가 되어야 한다.

전술 1: 맞춤형 프레젠테이션하기

연구 샘플 가운데 성공 여부와 가장 관련이 높았던 전술은 의사결정권자에게 맞춤화된 프레젠테이션이었다. 이슈 셀러는 잠재고객의 목표와 가치, 지식의 고유한 조합을 잘 파악하고 이에 대

이슈 셀링의 핵심

다음 질문은 7가지 전략을 효과적으로 사용하는 데 도움이 될 것이다.

맞춤형 프레젠테이션하기
• 청중이 이 이슈에 대해 어떤 입장을 취하는가?
• 청중이 가장 설득력 있고 호소력 있다고 생각하는 부분은 무엇인가?

이슈의 틀 짜기
• 이슈를 조직의 우선순위와 어떻게 연결할 수 있는가?
• 어떻게 하면 이슈의 장점을 가장 잘 설명할 수 있는가?
• 관심을 받고 있는 다른 이슈와 어떻게 연결할 수 있는가?
• 조직을 위한 기회를 어떻게 강조할 수 있는가?

쌍방으로 감정 관리하기
• 부정적 반응이 아닌 긍정적 반응을 유도하려면 어떻게 해야 할까?
• 청중의 감정적 반응을 관리하려면 어떻게 해야 할까?

적절한 타이밍 잡기
• 내 의견을 전달하기에 가장 좋은 순간은 언제인가? 예를 들어, 트렌드의 '흐름을 포착'하거나 외부 세계에서 일어나는 일을 활용할 수 없을까?
• 의사결정 과정에서 이슈를 제기하기에 적절한 시기는 언제일까?

다른 사람 참여시키기
• 내 문제를 알리는 데 도움을 줄 수 있는 네트워크의 동맹은 누구이며, 이들을 효과적으로 참여시키려면 어떻게 해야 할까?
• 잠재적 방해꾼은 누구이며, 그들이 나를 지지하도록 설득하려면 어떻게 해야 할까?

- 태도가 모호한 사람은 누구이며, 그들에게 내 이슈가 중요하다는 사실을 어떻게 납득시킬 수 있을까?

규범 준수하기
- 이슈 셀링을 할 때 공식적이고 공개적인 접근 방식(예를 들면, 고위 경영진을 대상으로 한 프레젠테이션)을 사용해야 할까, 비공식적이고 사적인 접근 방식(예를 들면, 일상적인 일대일 대화)을 사용해야 할까? 아니면 두 가지를 조합해야 할까?

해결책 제안하기
- 실행 가능한 해결책을 제안하고 있는가?
- 그렇지 않다면 문제를 강조하기만 하는 대신 해결책을 찾을 방법을 제안하고 있는가?

한 통찰력을 바탕으로 메시지를 구성해야 한다.

국제적 석유 회사에 속한 캐나다 사업부의 한 지역 영업 팀장은 바로 이런 방식으로 고위 경영진을 설득해 영업 조직을 재구성한 결과, 인재를 유치하고 그들을 위한 동기 부여 방법을 바꿀 수 있었다. 석유 업계에서 영업 팀은 대개 거래처 단위로 조직되지만, 이 회사는 독특하게도 한 영업 팀이 한 지역을 담당하고 있었다. 그러나 거래처는 여러 지역에 지사를 두고 있었기에, 각각의 팀이 같은 거래처에 경쟁적인 거래를 제안해 서로에게 해가 되는 경우가 많았다. 이러한 열악한 조직 구조로 인해 인센티브에 불균형이 생기고 고객 경험의 만족도 역시 하락했다. 더군

다나 이 회사에서는 영업사원 대부분이 커미션이 아닌 월급을 받고 일하고 있었다. 지역 영업 팀장이 말했다.

"그래서 경쟁사가 우리 부서의 영업 인력을 절반 이상 빼갈 수 있었던 거죠."

최고 성과를 내던 사람들이 거의 전부 떠난 것도 놀랍지 않았다. 비효율적인 데다 일반적인 관행과도 동떨어진 영업 구조 때문에 인력이 빠져나갈 수밖에 없는 실정이었다. 이런 구조를 만든 경영진은 유능했지만 영업에 대한 경험이 부족했다. 나머지 영업 팀 역시 기술적 지식은 있지만 경험이 부족했고, 인원이 너무 적어 사업을 성장시키기는커녕 유지하기에도 역부족이었다.

지역 영업 팀장이 상사 및 다른 임원들과 처음으로 우려를 공유했을 때, 임원들은 단순히 사람들을 더 강하게 밀어붙이는 것이 해결책이라며 반대했다. 이에 대해 지역 영업 팀장은 회고했다.

중간 리더는 다음과 같은 경우 목소리를 낼 가능성이 높다.

- 조직과 자신을 동일시하는 경우
- 청중과 긍정적인 관계를 유지하는 경우
- 조직에서 심리적으로 안전하다고 느끼는 경우
- 상급자가 조처하리라 생각하는 경우
- 이슈 셀링에 에너지를 투자할 만큼 해당 이슈에 관심이 많은 경우

"팀원의 절반 이상을 잃었기 때문에 그 말이 매우 위험하게 들렸어요."

그는 별다른 진전을 이루지 못하다가 부서의 다른 리더들, 즉 더 큰 의사결정권이 있는 사람들에게 영업 팀에 기대하는 바가 무엇인지 물어보았다. 캐나다 지역을 담당하는 신임 마케팅 및 영업 부사장은 서로 다른 팀 사이에 갈등이 일어나 신뢰가 손상되는 상황을 막고 싶어 했다.

지역 영업 팀장은 수집한 피드백을 바탕으로 권장 사항 초안을 작성하고, 어떻게 하면 4년 이내에 해당 부서의 매출을 두 배로(최근 CEO가 주주들에게 발표한 목표였다) 늘릴 수 있을지 설명했다. 그는 영업 팀을 지역이 아니라 거래처에 따라 배정하면 담당자들이 서로 기분 상하지 않을 것이며 캐나다 담당 부사장의 우려도 해소할 수 있을 거라고 말했다. 그리고 노련한 영업사원을 유치하고 유지해야만 CEO가 원하는 기간 내에 매출을 늘릴 수 있다고 주장했다. 또한 매년 약 40퍼센트의 영업사원이 퇴사하는 부서의 높은 이직률을 강조하며, 영업 인재 채용 및 관리에 대한 업계 모범 사례를 따르면 이 문제를 해결할 수 있다고 설명했다. 커미션 기반 보상은 숙련된 인재들을 끌어들이고 이들이 계속 근무하게 하는 동기 부여가 된다. 아울러 교육을 받으면 입사한 지 얼마 안 된 담당자들이 고객 관계 관리를 위해 중요한 기술을 개발하는 데 도움이 될 것이다.

캐나다 담당 부사장은 계획을 승인했을 뿐만 아니라 계획을 실행하기 위한 자원도 제공했다. 지역 영업 팀장은 말했다.

"우리는 영업 조직에 12명의 숙련된 인력을 추가했어요. 계획을 실행한 후 4년 동안 한 명만 퇴사했고요."

그 결과 한때 상당한 규모였던 이직 비용이 거의 발생하지 않았다. 부서에서는 교육에 7만 5,000달러를 투자했는데, 배운 방법을 사용해 누가 가장 많이 판매할 수 있는지 겨루는 경연 대회를 통해 투자한 비용 이상의 효과를 거두었다(대회를 통해 신규 사업에서 일주일 만에 270만 달러의 매출을 올렸다). 부서의 4년 목표에는 미치지 못했지만, 5년 만에 매출이 두 배로 늘었다. 더 이상 영업 인력이 겪었던 문제를 게으름 탓으로 돌리지 않았다. 그리고 경영진의 사고방식이 변하고 구조 및 인재 관행이 개선되자 우수한 인재가 퇴사하는 일도 사라졌다.

지역 영업 팀장은 이런 성과를 거둔 이유가 세심한 맞춤형 프레젠테이션 덕분이라고 말한다. 그는 캐나다 부사장과 다른 리더들의 목표에 대해 직접 이야기하는 것 외에도 "제 아이디어가 CEO의 매출 기대치를 달성하는 데 어떤 도움이 될 수 있는지 보여줘야 했습니다"라고 말했다. 이렇게 준비한 프레젠테이션을 통해 그는 일대일 및 소규모 그룹 미팅에서 서면 제안서 및 프레젠테이션의 방식으로 전환해 자기 아이디어를 고위 경영진과 공유했고, 제안에 필요한 지원을 받을 수 있었다.

전술 2: 이슈의 틀 짜기

조직의 우선순위 목록에서 해당 이슈가 차지하는 위치는 아이디어를 어떻게 포장하느냐에 따라 크게 달라진다. 새로운 기술을 개발한다는 이슈는 그 기술이 고객 대응 방식을 개선하려는 전략적 목표에 어떻게 기여하는지 설명하기 전까지는 사소한 기술 상식처럼 보일 수 있다. 하지만 전략적 목표와의 관계가 드러나면 기술의 중요성이 부각된다. 사람들은 팀장의 제안이 큰 그림에 어떻게 들어맞는지 알면 더욱 흔쾌히 자원을 투자하려 할 것이다.

마찬가지로, 팀장이 부하직원의 승진을 위해 최고 경영진 앞에서 프레젠테이션하는 경우에는 그 직원이 목표를 초과 달성했다는 사실과 더불어 그의 승진이 조직의 주요 목표 달성에 어떻게 기여할 수 있는지 설명하는 것이 좋다.

예를 들어, 해당 직원을 보다 전략적인 역할을 할 수 있는 부서로 이동시킬 경우 어려움을 겪고 있는 부서를 혁신하거나 실적이 부진한 부서에 에너지와 창의성을 불어넣는 데 어떤 도움이 될지 구체적으로 설명한다. 단순히 인상적인 업무만 강조하는 것이 아니라 조직에 필요한 리더라는 점을 부각시키면 의사결정권자가 그 직원을 꼭 승진시켜야겠다고 생각할 수도 있다. 리더는 단순히 많은 성과를 내고 언제든 편리한 방식으로 승진할 자격이 있는 사람만이 아니라, 지금 당장 변화를 일으킬 기술과 추진력을 갖춘 사람이어야 한다.

이런 사례들이 보여주듯이 아이디어가 사업에 미치는 이점을 강조하는 것이 효과적일 때가 많다. 우리의 연구에 참여한 성공적인 이슈 셀러는 실패한 사람보다 훨씬 더 자주 이런 접근 방식을 취했다. 예를 들어, 한 금융 회사의 최고 투자 책임자는 독점 부동산 데이터베이스를 구독하는 것이 '그저 원하는 일이 아니라 필요한 일'이라는 점을 아주 서서히 설득해나간 과정을 설명했다. 5년 넘게 약 6개월에 한 번씩 데이터베이스에 접근하면 유용해지는 순간마다 그는 이 제안을 했고, 자산관리 부서의 기술에 정통한 동료는 그의 제안에 흔쾌히 동의했다.

하지만 대다수 사람이 이 아이디어가 사치라고 생각했기 때문에 아이디어를 위한 더욱 광범위한 지지가 필요했다. 그 최고 투자 책임자는 이렇게 설명했다.

"우리는 역사적으로 새로운 기술을 도입하는 데 저항하는 린 운영(낭비를 줄이고 효율성을 높이는 데 초점을 맞추는 방식의 운영-옮긴이) 조직입니다."

결국 그는 사업의 다른 부분에서 관련 요구 사항을 파악했다. 회계 부서가 공개 보고 및 감사 요건을 충족하는 데 데이터베이스가 도움이 될 수 있었다. 이것이 전환점이 되었다. 그는 여러 부서에 대한 사업상 이점을 설명했고, 회사는 결국 구독을 결심했다.

도덕적 관점은 사업적 관점보다 덜 강력해 보인다. 연구 결과, 도덕적 관점으로 접근한 일부 사례는 결국 실패로 돌아갔거나 결과가 일정하게 나오지 않았다. 이슈 셀러가 자기 원칙을 지나치게 공격적으로 내세우면 사람들은 자기를 비판한다고 인식해 부정적으로 반응할 수 있다.

사업상 혜택에 초점을 맞추는 것이 더 안전한 경우가 많지만, 때로는 긴급성을 강조해야 할 수도 있다. 예를 들어, 아이디어를 놓쳐서는 안 될 기회로 제시할 수도 있다. 성공적인 이슈 셀러는 다른 사람보다 자기 아이디어를 통해 조직이 얻을 수 있는 점에 초점을 맞춘다. 긍정적인 측면을 강조하면 청중에게 상황을 통제한다는 느낌을 주고 낙관주의와 동의를 불러일으킬 수 있다.

아이디어를 채택하지 않았을 때 닥쳐올 위협을 강조하면 지금 당장 행동해야 한다는 압박감을 조성할 수 있다. 하지만 역효과가 날 수도 있다. 의사결정권자들이 잠재적 손실에 초점을 맞추면 사람들이 고개를 파묻고 문제를 회피할 수도 있기 때문이다. 위협의 수준이 크다고 반드시 이슈 셀링에 성공하는 것도 아닌데, 그 이유는 온갖 종류의 요소가 연관되어 있기 때문이다. 위협이 사람들의 행동을 촉진할지, 다시 말해 전형적인 '투쟁' 반응을 이끌어낼지, 아니면 '도피'로 이어질지는 예측하기 어렵다.

마지막으로, 이슈 셀러는 종종 자기 아이디어를 관련 아이디어와 한데 엮어서 성공을 거두기도 한다. 예를 들어, 나이가 많거나 아픈 가족을 돌보는 직원의 휴가 시간을 늘리기 위해 육아 휴직 안건까지 끼워넣는 식이다. 더 큰 수준의 이슈와 관련을 지으면 작은 이슈도 함께 주목받는다. 이처럼 육아 휴직 문제까지 끌어오면 단순히 부양 가족을 돌보는 문제에서 그치지 않고 일과 삶의 균형 문제까지 논의를 확장할 수 있다.

전술 3: 쌍방으로 감정 관리하기

이슈 셀링은 대인 관계 활동이며, 큰 위험이 따를 때가 많기 때문에 감정을 자극할 수밖에 없다. 열정을 적절히 표현하면 주위의 관심을 끌고 행동을 유도할 가능성이 커지지만, 열정과 분노 사이에는 미세한 경계선이 있다. 사람들은 때때로 기존의 상황이나 행동에 싫증이 나서 새로운 계획을 제안하기도 한다. 그런데 제안을 설득하려고 노력하다가 장애물을 만나면 좌절감이 더욱 커질 수도 있다.

강한 감정을 안고 있으면 행동을 촉구하기 위해 강력하게 호소할 수도 있지만, 이 감정이 제대로 조절되지 않으면 오히려 이슈 셀러의 설득력과 영향력에 치명적인 문제를 일으킨다. 의견을 제시하는 부하직원으로부터 부정적 감정을 감지한 의사결정권자는 해당 직원을 변화의 주체가 아니라 불평하는 사람으로 인식하는 경향이 있다.

더욱이 와튼스쿨에 있는 애덤 그랜트Adam Grant의 최근 연구에 따르면 자기감정을 억제하거나 최소한 타인에게 보이는 감정을 제어하는 사람은 문제 제기를 어려워하지 않고 성과 평가도 더 높게 나타났다.

우리의 연구 결과도 그랜트의 연구 결과를 뒷받침한다. 주장하는 바를 성공적으로 관철해내는 사람들은 그렇지 못한 사람보다 감정조절에 훨씬 더 크게 주의를 기울였다. 실제로 자신의 의견을 관철해내지 못하는 사람들은 때때로 폭주하는 감정으로 인해 자신이 이슈 셀링에 실패한다는 사실을 이해하고 있었다.

자기감정을 조절하는 것도 중요하지만, 의사결정권자의 감정을 이해하고 관리하는 것도 중요하다. 의사결정권자의 감정 역시 이슈 셀링의 성패를 좌우하기 때문이다. 첫 번째 사례로 살펴본 엔지니어링 팀장 존 힐리는 특히 이런 면에서 탁월했다. 힐리는 상사가 더 위험하고 더 비싼 가스 세정 시스템을 선택한 결정에 대해 어떻게 느낄지 예상하면서, 그 결정을 내릴 당시 새로운 기술을 실제로 써본 사용자의 리뷰가 제공되지 않았다는 점을 조심스럽게 지적했다.

자기 문제를 알리고자 하는 사람은 의사결정권자에게 긍정적 감정을 불러일으키기 위해 노력해야 한다. 해당 안을 실행했을 때의 혜택에 초점을 맞추거나 조치 방법을 설명하는 식이다. 샘플 집단에서, 성공적으로 이슈 셀링을 한 사람은 그렇지 않은 사람보다 훨씬 더 자주 이 방법을 사용한다고 답했다.

전술 4: 적절한 타이밍 포착하기

아이디어를 제시하기에 적절한 순간을 알아내는 것 또한 매우 중요하다. 조직의 우선순위가 바뀌거나, 특정 구성원이 퇴사 또는 입사하거나, 상사의 관심사가 바뀌는 시점이 바로 그런 순간일 수 있다. 연구 결과, 성공적인 성과를 거둔 이슈 셀러들은 다른 사람들보다 타이밍에 압도적으로 민감하게 반응했다. 가장 큰 성과를 거둔 이들은 더 많은 사람이 자기 이슈와 관련된 더 큰 주제나 트렌드에 관심을 보이기 시작하는 때를 알아차리고 '기회를 잡을 수 있도록' 아이디어를 제안한다.

예를 들어, 에콰도르의 한 지주회사 명품사업부의 상무는 페루의 미개척 시장을 공략하기 위해 최고 재무 관리자와 이사회를 설득하기에 적절한 시기를 선택했다. 그가 이 아이디어를 처음 떠올린 것은 2007년이었다. 그 당시에도 실행 가능한 옵션이었지만, 페루의 최근 내전 상황과 그의 부서가 아직 자국 시장에서 성장할 가능성이 있다는 점을 고려해 제안을 보류했다. 그리고 2009년, 경기 침체 이후 페루의 주식시장이 전 세계에서 가장 좋은 성과를 내자 그의 팀은 잠재력을 평가하기 위해 페루로 떠났다. 이때의 페루는 뛰어난 성과를 거두고 있었을 뿐 아니라 성장할 준비가 된 것처럼 보였다. 그는 이렇게 설명했다.

"새로운 건설 개발 현장을 살펴봤는데, 현대적 미니멀리즘이 게릴라와 테러 시대의 높은 벽으로 둘러싸인 건축물과 극명한 대조를 이루고 있더군요. 눈에 띄는 쇼핑몰은 단 한 곳뿐이었고, 디자이너 브랜드의 가방과 시계, 선글라스와 같은 '하드 럭셔리' 제품은 부족하거나 비공식적으로 판매되고 있었죠. 하지만 스타벅스는 매일 사람들로 꽉 차고 계속 확장 중이었어요."

상무와 그의 팀은 다양한 제품을 취급하면서도 시계에 집중하는 럭셔리 부티크가 가장 적합한 프로젝트라고 판단했다. 또한 럭셔리한 경험을 원하는 고객들은 백화점에서 그 수요를 충족시키지 못할 것이라는 점을 알고 있었다. 그가 말했다.

"우리는 페루가 준비되어 있다고 생각했어요."

다른 이유에서도 시기가 딱 적절했다. 당시 에콰도르 시장은 포화 상태에 이르고 있었다.

문제를 해결하기 위해 자원과 사회적 자본을 투자할지 결정하려면 다음 두 가지 질문을 해보자. 이 문제가 우리 회사에 얼마나 중요한가? 나에게는 얼마나 중요한가?

상무는 필요한 승인을 받았고, 회사는 2010년 11월에 명품 매장 두 곳을 열었다. 그가 설명했다.

"첫 번째 매장을 열던 날, 바로 옆의 약국에서 매입한 향수 재고를 모두 팔았지요. 한 고객은 잉크를 다시 구하지 못할까 봐 매장에 있는 명품 필기구의 잉크 재고를 모두 사가기도 했어요."

이 매장의 수익은 그 후 3년 동안 팀 수익의 40퍼센트를 차지했다. 2011년에 다른 명품 브랜드들이 페루 시장에 진출했지만, 이 회사가 가장 먼저 페루 시장에 파고들었다.

더욱 거대한 트렌드 및 이벤트를 주시하는 것 외에 마감일을 염두에 두는 것도 중요하다. 현재 고려 중인 아이디어가 곧 출시가 임박한 제품이나 서비스와 직접적으로 관련이 있다면 지금이 바로 의견을 제시해야 할 타이밍이다. 그러나 최근 연구에 따르면 마감일이 얼마 남지 않고 의사결정권자가 아직 탐색 모드에 있는 경우에는 특정 해결책을 제안하기보다 개방형 질문이 더 효과적일 수 있다. 물론 셀러가 항상 잠재 고객의 마감일을 알 수는 없다. 그래도 즉각적인 과제를 발견했다면 제안서에서 해결하려 하고, 다른 아이디어는 사람들이 충분히 생각할 때까지 보류한다.

전술 5: 다른 사람의 참여 유도하기

노력이 허사가 되지 않게 하려면 이슈 셀러 혼자 일하기보다 다른 사람들을 참여시키는 편이 더 효과적이다. 연합을 구축하면 더 많은 사람이 에너지와 자원을 제공하므로 조직의 동의를 더 빨리, 더 큰 규모로 끌어낼 수 있다. 예를 들어, 한 사람은 중요한 데이터에 액세스할 수 있고, 다른 사람은 설득하려는 최고 임원 중 한 명과 개인적 친분이 있을 수 있다. 이런 이점을 인식해서인지 성공을 거둔 이들은 다른 사람들보다 아이디어를 제시할 때 동료를 참여시키는 경우가 더 많았다.

협상 전문가들은 동맹을 동원하고, 이슈를 지지하기 위해 반대하는 사람을 설득하거나 최소한 한발 물러서게 하며, 그들에게 왜 당신의 아이디어에 관심을 보여야 하는지 증명하라고 조언한다. 연합을 구축할 때는 관련 분야 전문가에게 연락해 신뢰도를 높이는 방법도 있지만, 최근 연구에 따르면 목표로 삼은 청중이 신뢰하는 개인을 포함시키는 것 역시 중요하다. 물론 자신이 속한 네트워크의 구성원을 활용하되, 자신의 네트워크와 겹치지 않는 사람들도 참여시켜야 한다. 그렇게 하면 아이디어를 지지하거나 전문 지식을 빌려줄 사람의 범주를 넓힐 수 있다.

전술 6: 규범 준수하기

지금까지 살펴본 전술은 성공적인 이슈 셀러에게 필요한 두 가지 유형의 지식, 즉 전략적 지식(조직의 목표와 목표 달성을 위한 계획, 이런 노력에서 의사결정권자의 역할 이해)과 관계적 지식(이슈의 영향을 받을 사람, 이슈에 관심 있는 사람, 반대할지 모르는 사람 등을 파악하기)을 바탕으로 한다. 이번에는 세 번째 유형인 조직 규범에 대해 논의하겠다. 조직 규범과 관련된 지식, 즉 리더가 의사결정에 어떤 종류의 데이터를 사용하는지, 어떤 방식으로 정보를 받으려 하는지, 리더가 유사한 이슈를 지지하는 경향이 있는지 등에 관한 지식이다.

이 규범을 파악하면 이 글에서 설명하는 다른 전술들이 얼마나 효과적인지 알 수 있다. 예를 들어, 환경 문제를 판매하는 직원들을 대상으로 한 연구에 따르면 조직이 이미 환경 보호에 강력한 의지를 가지고 있을 때만 드라마와 감정 활용이 효과적인 것으로 나타났다.

이때 한 가지 중요한 규범을 이해해야 한다. 공식적인 접근 방식을 사용하는 것이 가장 좋은가, 아니면 비공식적인 접근 방식을 사용하는 것이 가장 좋은가 여부다. 비공식적인 대화를 통해 이슈 셀러는 자기 아이디어에 비공식적으로 의견을 구할 수 있고, 목표 대상 고객을 대중 앞에서 곤란하게 만들지 않을 수 있다. 그러나 공식적인 접근 방식은 진지한 분위기에서 의사결정권자가 제대로 응답하도록 압박을 가하는 데 도움이 된다.

이슈 셀러는 조직의 기대에 비춰 두 가지 접근 방식의 장단점을 고려해야 한다. 예를 들어, 연구에 참여한 어느 회사에서 고위 임원들은 혁신적인 사고를 원한다고 주장하지만, 직원들은 '자유로운 사고를 권장하는 회의'에서조차 회사에서 승인한 템플릿을 사용해 슬라이드 쇼를 발표하지 않는 직원을 질책한다고 평가했다. 당연히 이 회사 직원들은 매우 형식적인 방식으로 영업하고 있다고 대답했으며, 이런 방식이 혁신을 저해하는 데 영향을 미친다고 인정했다.

성공한 이슈 셀러는 실패하는 사람보다 공식적인 전술을 더 많이 사용하고, 비공식적인 전술을 덜 사용했다. 그러므로 대부분의 사업 환경에서는 일정한 수준의 관습과 예의가 필요하며, 자신의 의견을 잘 관철해내는 사람들은 이런 규범에 맞게 자기 행동을 조정한다. 하지만 질적 데이터를 살펴보면 순서 역시도 매우 중요하다는 점을 알 수 있다. 성공적인 이슈 셀러들은 처음에는 비공식적으로 아이디어를 발표해 관심도를 파악한 다음, 공식적인 프레젠테이션으로 전환하는 경향이 있었다.

전술 7: 해결책 제안하기

사람들은 문제를 제기할 때 사려 깊은 해결책을 제안하는 것이 좋다고 생각한다. 이 전략은 성공한 이슈 셀러와 그렇지 못한 이들 모두 가장 자주 사용했는데, 성공한 이슈 셀러가 훨씬 자주 사용한 방법이었다. 이들은 시스템의 결함을 해결하기 위해 사업운영 팀을 추가하는 등 구체적인 해결책을 제시했다. 새로운 무언가에 대한 필요성을 설득하려 할 때 종종 자금 조달 아이디어를 포함시켰다.

해결책을 제안한다는 것은 이슈 셀러가 해당 문제를 충분히 고민하고 리더의 시간을 존중한다는 신호다. 실제로 최근 연구에 따르면 사람들은 해결책을 함께 제안하는 이슈 셀러를 더 높게 평가했다.

하지만 이런 방식에도 문제가 있다. 해결책을 찾기 힘든 문제는 사람들이 문제를 제기하기 어렵고, 따라서 해결책을 고안하는 속도보다 문제가 더 빨리 발생하는 조직은 상당히 불리한 상황에 처한다는 점이다. 다양한 지식과 경험, 전문성을 갖춘 사람들이 모여서 해결하는 것이 가장 효과적인 경우에는 이슈 셀러에게만 해결책이 있을 거라고 기대하면 잘못된 의사결정을 내릴 수 있다.

문제에 대해 깊이 고민하면서도 해결책을 찾지 못한 셀러는 문제를 발견하기 위한 합리적인 절차를 제안할 수 있다. 그렇게 하면 해결책 중심의 규범을 따르면서도 다른 사람들을 적절한 시기에 건설적으로 참여시킬 수 있다.

프레젠테이션에는 거창한 발표와 찬성 또는 반대 결정보다 더 중요한 부분이 있다. 발표나 결정은 과정에서 가장 눈에 띄는 단계일 뿐이다. 그러므로 프레젠테이션에 앞서 자원과 지식을 습득할 때 전술별로 주장의 토대를 신중하게 마련해야 한다.

다음은 앞서 설명한 전술을 최대한 활용하는 데 도움이 되는 원칙이다.

어떤 전투에 뛰어들지 선택하라

예를 들어, 청중의 현재 이해 수준보다 너무 앞서거나 조직의 규범을 지나치게 벗어난 아이디어로는 다른 사람을 설득하기 어려울 수 있다. 현 상황을 비난하거나 청중의 지능과 판단력 또는 도덕성을 문제 삼는 것처럼 보일 수 있는 아이디어는 더욱 그렇다. 이런 경우에는 이슈의 틀을 아무리 능숙하게 짜고 감정을 철저히 관리하더라도 힘든 싸움이 될 수 있다.

가장 뛰어난 이슈 셀러라 할지라도 매번 성공할 수는 없다. 때로는 그 보상이 노력에 못 미치는 경우도 있다. 이슈 셀링을 할 때 자원과 사회적 자본을 투자할지 결정하려면 다음 두 가지 질문을 해보자. 이 문제가 회사에 얼마나 중요한가? 그리고 나에게는 얼마나 중요한가? 이를 통해 위험을 어느 정도 감수해야 하는지 평가할 수 있다.

해외 노동 관행에 대한 회사의 접근 방식이나 팀장의 직원 대우에 관한 우려 제기는 제품 개선이나 절차 개선을 위한 아이디어보다 훨씬 큰 반발을 불러일으킬 수 있다. 하지만 전자의 문제가 조직의 안녕이나 자신의 직업적 정체성에 중요한 문제라면 단기간에 성공할 수 없더라도 신속하게 추진할 수 있다.

여러 전술을 함께 사용하라

회귀 분석에서는 여러 가지 전술을 사용할 때가 단일 전술을 사용할 때에 비해 더 자주 성공을 거둔다는 결과가 나왔다. 실제로 7가지 전술을 모두 합쳐 사용할 경우에 성공과 실패의 차이는 약 40퍼센트나 됐다.

앞서 영업 노력에 대한 설명에서도 같은 종류의 영향력을 확인했다. 에너지 회사의 엔지니어링 팀장은 상사의 감정을 관리하고 데이터로 뒷받침되는 해결책을 제안한 뒤 외부 전문가에게 추가 지원을 요청했다. 에콰도르의 상무도 전술을 결합했다. 그는 명품 매장을 시작하기에 적절한 시기를 선택하는 것 외에도 비공식적인 대화로 시작해 다른 업계의 대리점(이 경우에는 스타벅스)을 살펴보고, 고객 및 파트너와 대화해 의견을 수집하고, 마지막으로 전통적인 재무 도구와 외부 시장 조사를 바탕으로 분석해 공식적인 검토 절차를 구축하는 등 보수적인 조직의 프로젝트 제안 규범을 준수했다.

적절한 청중에게 접근하라

흔한 딜레마가 있다. 상사에게 아이디어를 제시했다가 상사가 당신을 지지하기에 충분한 권한이나 관심을 보이지 않을 때 아무것도 얻지 못할 위험을 감수해야 할까? 아니면 상사를 우회하는 대신 관심을 보이고 대가를 치를 가능성이 큰 의사결정권자를 직접 찾아가야 할까?

많은 이슈 셀러가 충돌을 피하기 위해 자기 아이디어가 상사를 시작으로 더 높은 위계질서에 반영되기를 바란다. 하지만 상사가 그 중대성을 인지할 때까지 이슈가 곧장 사라지거나 시들해지는 경우가 많다. 가끔은 직속 상사가 이슈를 상부에 전달할 생각조차 하지 않거나, 전달자가 최초의 이슈 셀러만큼 문제를 제기하는 데 능숙하지 않을 수도 있다.

따라서 당신을 도와주는 누군가와 협력해서 일한다면, 상사든 동료든 그 사람이 공식적인 의사결정 기구에 '소속되어' 있는지를 먼저 물어본다. 물어볼 수 없다면 그 사람이 효율적으로 이슈 셀링을 돕도록 최선을 다해 준비한다. 사업 사례의 세부 사항을 파악하고, 프레젠테이션에 적합한 시간과 장소를 찾는 데 도움을 주는 등 최선을 다한다.

의사결정권자에게 직접 접근하기로 결정했다면 상사에게 그 사실을 계속 보고한다. 그렇지 않으면 고위급 리더가 왜 상사가 아니라 자신을 찾아왔는지 물어볼 때 훌륭하게 답변할 수 있어야 한다.

* * *

어떤 전략으로도 환경상의 미묘한 차이를 전부 파악하거나 이슈 셀링에 따르는 위험과 실망을 제거할 수 없다. 하지만 이런 전략을 일상적으로, 그리고 효과적으로 사용하는 사람은 그렇지 않은 이들보다 더 큰 성공을 거둔다.

이슈 셀링은 단기적인 이벤트가 아니다. 기초 작업과 속도 조절, 인내심이 필요한 지속적인 과정이다. 중간 리더들이 이를 효과적으로 수행한다면 그들의 아이디어가 의사결정권자의 관심을 끌어 실질적인 변화를 일으킬 것이다.

* 이 글에 제시된 조사의 개요
24~52세 남성 77명과 여성 24명을 대상으로 설문조사를 실시했으며, 연구 보조원 에번 브루노의 도움을 받아 그중 10명을 인터뷰했다. 응답자들은 평균 14년 동안 직장에서 근무했는데, 한 조직에서 약 6년, 현재 직무에서 약 2년 반 동안 근무했다. 이들은 사업 분석가부터 마케팅 이사, 수석 엔지니어에 이르기까지 다양한 직책을 맡았으며, 소프트웨어

개발부터 소비재, 법률에 이르기까지 다양한 분야에서 근무했다.

무작위로 선정한 응답자의 약 절반은 의사결정권자에게 아이디어를 성공적으로 전달했을 때를, 나머지 절반은 실패했을 때를 설명해달라는 요청을 받았다. 응답자들은 모두 자신의 노력이 성공했는지, 아니면 실패했는지 알아낸 방법을 밝혔으며, 이 글에 소개된 각 전략을 어느 정도 사용했는지 평가했다. 그리고 각 전략이 실패 사례에서 성공 사례보다 더 자주 나타나는지 조사해 두 그룹 간에 통계적으로 유의미한 차이가 있는지 확인했다. 각 성공 또는 실패에서 가장 큰 역할을 한 전술이 무엇인지도 확인했다.

수전 애슈퍼드는 미시간대학교 스티븐 M. 로스 경영대학원의 조직행동학 교수다. 셀프 리더십, 적극성, 상향식 변화, 리더십 개발에 중점을 두고 사람들이 직장에서 효율적으로 일할 수 있는 방법을 교육하고 연구한다. 《유연함의 힘The Power of Flexing》(상상스퀘어, 2023) 등을 집필했다.
제임스 디터트는 버지니아대학교 다든 경영대학원의 존 L. 콜리 경영학 교수다. 《용기를 선택하기Choosing Courage》(2021) 등을 집필했다.

리더는 어떻게 네트워크를 형성하고 활용하는가

허미니아 아이바라, 마크 헌터

새로 인수한 화장품 회사의 생산 책임자로서 이사회 멤버가 되었을 때, 헨리크 발머는 회사 안팎에서 자신의 네트워크 개선을 염두에 두지 않았다. 그가 직면한 핵심적 문제는 바로 시간이었다. 어떻게 하면 생산 절차를 대대적으로 업그레이드해 팀을 이끌고 사업 확장과 같은 전략적 문제를 생각할 시간을 마련할 수 있을까? 시간을 쪼개 쓰면서도 제시간에 가족에게 돌아갈 유일한 방법은 말 그대로 사무실에 틀어박혀 있는 것이었다.

한편, 생산 효율성을 저해하는 맞춤 주문으로 인한 영업 책임자와의 갈등 등 날마다 해결해야 할 문제도 있었다. 헨리크가 낯선 사람에게 호의를 베풀어야 하는 불쾌한 일이라고 정의한 네트워킹은 그에게 감당할 수 없는 사치였다. 하지만 이사회에서 자신의 의견이 반영되지 않은 채 새로운 인수 건이 발표되자, 그는 회사의 미래가 걸려 있는 순간에 회사 내부뿐 아니라 외부에서도 자신이 소외되었다는 사실을 문득 깨달았다.

헨리크의 사례는 드문 경우가 아니다. 우리는 지난 2년간 30명의 팀장이 자기 자신과 자기 역할에 대해 다시 생각해보는, 커리어의 변곡점인 리더십 전환기를 어떻게 보내는지 추적해왔다. 그 과정에서 지원과 피드백, 통찰력과 자원, 정보를 제공할 네트워킹을 구축하는 것이 장차 리더가 될 사람이 해결해야 할 가장 자명한 동시에 가장 두려운 개발 과제 중 하나라는 사실을 알게 되었다.

이들의 불안은 충분히 이해할 만하다. 일반적으로 팀장은 업무의 기술적 요소를 완전히 이해하고 팀의 목표를 달성하는 데 총력을 기울이며 승진을 거듭한다. 그러나 많은 팀장이 기능적 전문성을 뛰어넘어 전반적인 사업이 직면한 전략적 문제를 해결해야 하는 상황에서는 분석적 업무가 아니라 관계적 업무가 수반된다는 사실을 금방 알아차리지 못한다. 다양한 현재 및 잠재적 이해관계자들과의 교류와 상호작용이 '진짜 업무'에 방해가 되는 것이 아니라 오히려 새로운 리더십 역할의 핵심이라는 사실도 쉽게 이해하지 못한다.

헨리크와 마찬가지로, 대부분 팀장은 네트워킹이 진실하지 않거나 속임수라고 간주하며, 기껏해야 사람을 이용하는 고상한 방법일 뿐이라고 생각한다.

물론 본능적으로 유용한 인맥을 구축하고 유지하는 팀장도 있지만, 네트워킹에 대한 본질적인 저항감을 극복하기 위해 애쓰는 팀장도 여럿 보았다. 그러나 네트워킹을 하지 않으려고 대안을 찾다 보면 결국은 실패하고 만다. 팀장 자리에 오르지도 못하고, 네트워킹도 제대로 하지 못한다.

신참 리더들이 네트워킹이라는 힘겨운 과제에 접근하는 과정을 지켜보면서 업무적·개인적·전략적 네트워킹이라는 서로 다른 3가지 형태의 네트워킹이 이들의 전환에 결정적 역할을 한다는 사실을 발견했다. 첫 번째는 현재의 내부 책임을 관리하는 데 도움이 되고, 두 번째는 개인적 발전을 촉진하며, 세 번째는 새로운 사업 방향과 지지를 얻어야 할 이해관계자에 대해 눈을 뜨게 한다.

업무적·개인적 네트워킹을 얼마나 잘 활용하는지는 팀장마다 다르지만, 대부분의 팀장이 전략적 네트워킹을 제대로 활용하지 못하고 있다. 따라서 이 글에서는 각 네트워킹 형태의 주요 특징(215쪽 '네트워킹의 3가지 형태' 참조)을 설명하고, 관리자들의 경험을 바탕으로 3가지 측면의 네트워킹 전략이 어떻게 새로운 리더를 개발하는 계획의 일부가 될 수 있는지 이야기할 것이다.

네트워킹의 3가지 형태

네트워킹에 능숙하다고 생각하는 사람도 업무적 또는 개인적 수준에서
만 활동하는 경우가 많다. 효율적인 리더는 전략적 목적으로 네트워크
를 활용하는 방법을 배운다.

	업무적 네트워킹	개인적 네트워킹	전략적 네트워킹
목적	• 효율적으로 업무 완수하기 • 그룹에 필요한 역량 및 기능 유지하기	• 개인적·전문적 개발 강화하기 • 유용한 정보 및 연락처 제공하기	• 미래의 우선순위와 과제 파악하기 • 자신을 지지할 이해관계자의 지원 확보하기
위치 및 시간적 지향성	회사 내부의 사람들과 주로 소통하며, 현재의 요구 사항을 지향한다.	회사 외부의 사람들과 주로 소통하며, 현재의 관심사와 미래의 잠재적 관심사를 지향한다.	회사 내부 혹은 외부의 사람들과 소통하며, 미래를 지향한다.
구성 및 모집 방법	핵심 인맥에 상대적으로 재량권이 적다. 대부분 업무와 조직 구조에 따라 규정되므로 누가 관련자인지 매우 명확하다.	핵심 인맥이 대부분 재량적이다. 누가 관련자인지 항상 명확하지 않다.	핵심 인맥은 전략적 맥락과 조직 환경에 따라 결정되지만, 구체적인 구성원은 재량에 따라 결정된다. 누가 관련 있는지 항상 명확하지는 않다.
네트워크 속성 및 주요 행동	깊이: 강력한 업무 관계를 구축한다.	폭: 추천할 수 있는 연락처를 확보한다.	활용도: 내부와 외부의 연결고리를 만든다.

팀장은 업무 수행에 도움을 줄 수 있는 사람들과 탄탄한 업무 관계를 형성해야 한다. 이런 업무적 네트워킹operational network-ing은 관련된 사람의 수와 범위가 매우 넓다. 직속 부하와 상사뿐 아니라 부서 내 동료, 프로젝트를 중단하거나 지원할 권한이 있는 다른 내부 관계자, 공급업체, 유통업체, 고객과 같은 주요 외부 인사 등이 이에 속한다.

업무적 네트워킹은 당면한 과제를 완수하기 위해 서로 알고 신뢰해야 하는 사람들 간의 협조와 협력을 보장하는 데 필요하다. 이 작업이 항상 쉽지는 않지만, 네트워크 구성원에 대한 초점과 기준이 명확하기 때문에 비교적 간단한 편이다. 업무에 필요하고 업무를 완수하도록 돕는 사람인지, 그렇지 않은 사람인지만 판단하면 된다.

대부분 팀장에게는 업무적 네트워킹이 가장 자연스러운 형태지만, 팀장 대부분이 일을 처리하는 데 의존하는 이들과 관련해 중요한 사각지대를 안고 있다. 한 예로, 수백 명의 직원을 거느린 기업에서 회계 팀장으로 일하던 앨리스터는 회사 설립자에 의해 갑자기 재무 이사로 승진하고 이사회의 한 자리를 맡았다. 최연소이자 가장 경험이 적은 이사회 멤버였던 그는 새로운 책임에 대한 본능적 반응으로 자신의 업무 능력을 재정립해야 했다. 그는 회사가 상장될 수도 있다는 창업자의 암시에 따라 철저히 조사해 회사 장부가 통과될 수 있도록 회계 부서를 재편하는 업무를 떠맡았다. 앨리스터는 팀의 역량을 업그레이드하는 데는 성공했지만, 7명으로 구성된 이사회에서 창업자와 야망을 함께하는 사람이 소수에 불과하다는 사실을 간과했다. 앨리스터가 부임한 지 1년이 지나자 기업 공개 여부에 대한 논의 때문에 이사회는 양분되었다. 그는 장부를 정리하는 데 할애한 시간을 공동 이사들의 의견을 수렴하는 데 썼더라면 더 좋았을 거라는 사실을 뒤늦게 깨달았다.

업무적 네트워크에 전적으로 의존할 때의 문제점 중 하나는 일반적으로 '우리가 무엇을 해야 하는가?'라는 전략적인 질문을 하지 않고 그냥 주어진 목표를 달성하는 데 초점을 맞춘다는 점이다. 마찬가지로, 팀장은 개인적 네트워크와 전략적 네트워크를 형성할 때처럼 업무적 네트워크를 구성할 때도 개인적 선택권을 많이 행사하지 않는다. 대부분 직무와 조직 구조에 따라 적절한 관계가 규정되어 있기 때문이다. 따라서 대부분의 업무적 네트워킹은 조직 내에서 이루어지며, 관계는 대체로 일상적이고 단기적인 요구에 따라 결정된다. 이사회 구성원과 고객, 규제 기관과 같은 외부인과의 관계는 업무와 직접적으로 관련 있으며, 더 높은 수준에서 결정된 요구에 의해 제한되고 제약을 받는 경향이 있다. 물론 각 팀장은 다양한 범위에서 관계를 심화 및 발전시킬 수 있으며, 모든 팀장은 누구에게 우선 관심을 기울일지 재량권을 행사한다. 업무적 네트워크에 힘을 실어주는 요소는 관계의 질, 즉 교감과 상호 신뢰다. 그런데도 네트워크 구성원에 대한 상당한 제약 때문에 이런 인맥이 팀장에게 당면한 업무와 관련된 지원 이상의 가치를 제공하지 못할 가능성이 크다.

일반적인 팀장은 일상적이지 않거나 예상치 못한 문제에 대처하기 위한 관계 구축보다 기존 네트워크 내에서 협력을 유지하는 데 더 관심이 있다. 하지만 팀장이 리더십 역할을 맡으면 네트워크의 방향을 외부와 미래를 향해 전환해야 한다.

발전을 위한 개인적 네트워킹

앨리스터와 같은 잠재적 리더들이 지나치게 내부에만 초점을 맞추다가 그 위험성에 눈을 뜨고 조직 밖에서 관심사가 비슷한 사람을 찾기 시작하는 모습을 지켜보았다. 하지만 이들은 자신이 전문 분야가 아닌 다른 영역에서는 지나치게 부족하다는 사실과 같은 사회적 기술의 한계를 인식한다. 이로 말미암아 평소에 알고 지내던 이들 외에 다른 사람과는 공통점을 찾기가 어렵다. 팀장은 전문가 협회와 동창회, 동호회와 개인적으로 관심 있는 분야의 커뮤니티를 통해 새로운 관점을 얻고 이를 통해 커리어를 발전시킬 수 있다. 개인적 네트워킹의 쓸모는 여기에 있다.

많은 팀장이 왜 업무와 딱히 상관없어 보이는 활동에 귀중한 시간을 투자해야 하는지 의문을 제기한다. 긴박한 업무 때문에 시간이 부족한데 왜 일상적인 지인의 범위를 넓혀야 할까? 이런 인맥이 중요한 추천과 정보를 제공하고, 종종 코칭과 멘토링 같은 발전적 지원을 제공하기 때문이다.

예를 들어, 새로 부임한 한 공장장은 직원들의 업무가 마비될 정도인 전환기 혹은 막다른 골목과 같은 상황에 직면한 후 어느 사업 조직에 가입했다. 그리고 이 조직을 통해 전환 과정에서 그의 자문 역할을 맡아준 변호사를 만났다. 성공에 힘을 얻은 그는 비슷한 위기를 겪은 사람을 찾기 위해 회사 내 네트워크를 구축했다. 그리고 마침내 두 명의 멘토를 찾았다.

개인적 네트워크는 비교적 안전한 환경에서 자기계발을 할 수 있게 하고, 전략적 네트워킹의 토대가 될 수 있다. 중견 소프트웨어 회사 대표인 티머시의 경험이 좋은 예다. 티머시는 아버지와 마찬가지로 말을 더듬었다. 회의를 준비할 기회가 있을 때는 말더듬증이 문제 되지 않았지만, 회사 안팎에서 즉흥적인 만남에 참여할 때는 매우 고통스러웠다. 그는 이 문제를 해결하기 위해 이전에는 무시했던 사교 모임의 초대를 적어도 일주일에 두 번 이상 수락하기 시작했다. 그는 매번 행사 전에 어떤 사람들이 참석하는지 물어보고, 참석자들에 대한 배경 조사를 했다.

그의 말에 따르면 그는 '문을 열고 들어가는 것'에 가장 큰 어려움을 느꼈다. 일단 들어가면 대화에 집중하면서 자신을 잊고 말더듬증을 극복할 수 있었다. 예전에는 기술적인 지식에만 몰두했던 티머시는 말더듬증이 줄어들자 회사 전반의 네트워킹에도 적극적으로 참여했다.

티머시처럼 자신의 문제를 드러내고 해결책을 찾기 위한 비교적 안전한 방법으로 개인적 네트워킹을 성공적으로 활용하는 리더가 많다. 이는 위험 부담이 훨씬 큰 전략적 네트워킹에 비해 안전하다.

개인적 네트워크는 대부분 외부에서 형성되며, 공통점이 있는 사람들과 임의적인 연결로 구성된다. 결과적으로, 개인적 네트워크를 강력하게 만드는 것은 추천 가능성이다. 유명한 6단계 분리 원칙에 따르면 개인적 인맥은 가능한 한 적은 수의 인맥으로 필요한 정보가 있는 먼 곳의 사람에게 연결되는 데 도움이 될 때 가치가 있다.

자연스러우면서도 정당한 방식으로 전문적 관계를 넓히는 팀장들의 모습을 보면 업무적 네트워킹에서 개인적 네트워킹으로 시간과 에너지를 옮기는 양상을 반복한다. 조직 외부를 거의 들여다보지 않았던 사람들에게 이런 양상은 중요한 첫 단계이며, 자신과 자신이 처한 환경에 대해 더 깊이 이해하는 계기가 되기도 한다.

그러나 궁극적으로 개인적 네트워킹만으로는 리더십 전환을 추진할 수 없다. 리더가 될 사람들이 새로운 관심사를 일깨우는 사람들을 발견하긴 하지만, 자신보다 높은 직급의 주요 인물과 친해지지 못할 수도 있다. 아니면 전문적 커뮤니티 내에서 새로운 영향력을 확보해도 조직의 목표를 위해 이런 관계를 활용하지 못할 수도 있다. 이로 인해 네트워킹 기술을 개발하기 위해 노력하는 팀장들이 시간과 에너지를 낭비한다는 느낌을 받기도 한다. 앞으로 살펴보겠지만, 팀장이 이런 인맥을 조직 전략에 활용하는 방법을 배우지 않는 한, 개인적 네트워킹은 리더십 전환에 도움이 되지 않을 것이다.

조직의 목표를 달성하기 위한 전략적 네트워킹

기능적 업무를 담당하던 팀장에서 사업 전체를 총괄하는 리더로 조금씩 전환이 이루어지는 단계에서는 광범위한 전략적 문제에 관심을 기울여야 한다. 다른 기능 및 사업 부서 팀장과의 수평적·수직적 관계, 즉 자신의 직접적 통제를 벗어난 모든 사람과의 관계는 자기 자신의 기여가 큰 그림에 어떻게 들어맞는지 파악하는 데 매우 중요하다. 따라서 리더가 되려는 사람은 전략적 네트워킹을 통해 개인과 조직의 목표를 달성하기 위해 다

기능적 업무를 담당하던 팀장에서 사업 부문 리더로: 회사에서 도움을 줄 수 있는 방법

경영 개발을 감독하던 임원들은 결정적인 변곡점을 포착하는 방법을 안다. 변곡점이란 승승장구하던 사람이 무엇이 중요한지, 이에 따라 시간을 어떻게 써야 하는지에 대한 관점을 바꿔야 하는 시기를 말한다. 많은 조직에서는 여전히 리더십 역할에서 요구하는 바와 크게 다른, 성과를 기준으로 사람들을 승진시킨다. 그리고 많은 신임 리더가 코칭이나 지침 없이 혼자 일을 해나가야 한다고 생각한다. 하지만 회사는 팀장이 개인적·직업적 목표를 발전시키는 전략적 네트워크를 구축하는 데 필요한 역량을 살피고 이에 민감하게 대응함으로써 도움을 줄 수 있다.

예를 들어, 프라이스워터하우스쿠퍼스PricewaterhouseCoopers의 혁신적인 사내 리더십 개발 프로그램 '제네시스 파크Genesis Park'에서는 명백하게 참여자들 간의 네트워크를 구축하는 데 중점을 둔다. 5개월 동안 진행되는 이 프로그램에는 참가자들이 고객 담당 업무에서 벗어나 사업 사례 개발과 전략 프로젝트, 팀 구축과 변화 관리 프로젝트, 회사 내·외부 사업 리더들과 심도 있게 토론하는 내용이 포함된다. 이 프로그램에 참여하는 젊은 리더들은 커리어가 발전함에 따라 회사 안팎으로 강력한 유대 관계를 맺는다.

기업이 리더십 네트워킹의 중요성을 파악하고, 자연스럽게 네트워크를 확장할 수 있는 수단을 구축하면 구성원들에게 많은 도움을 줄 수 있다. 닛산의 CEO 카를로스 곤은 회사 내부의 장벽을 허물기 위해 다양한 부서의 팀장으로 구성된 교차기능 팀을 만들고, 이 팀이 공급 비용에서 제품 디자인에 이르는 문제에 대한 해결책을 제안하도록 했다. 이후 닛산은 문제를 해결하는 방법을 찾기 위해서 뿐 아니라 수평적 네트워크를 장려하기 위해 이런 팀을 제도화했다. 리더가 되려는 사람들은 추가 업무를 피하기보다 오히려 이와 관련된 과제를 요청한다.

대체로 전문성 개발은 성공한 사람들이 계층 구조 위쪽으로 이동할수록 새로운 역할에 적합한 기술을 습득한다는 개념을 기반으로 삼는다. 하지만 팀장에서 임원으로 전환하기 위해서는 더하기뿐만 아니라 빼기도 필요하다. 새로운 역량을 습득하기 위해 팀장은 과거에 갈고닦은 기술에 덜 의존해야 한다. 그러려면 가치를 더하는 방법과 자신이 기여하는 바에 대한 관점을 바꿔야 한다. 결국 팀장은 자신의 사고방식과 정체성을 변화시켜야 한다. 최고 인재들이 스스로 재창조하도록 돕는 기업은 성공적인 리더십 전환을 더 잘 준비할 수 있다.

양한 관계와 정보원을 총체적으로 이용한다.

다양한 소속과 배경, 목표와 인센티브를 가진 사람들과 함께 일하려면 팀장은 기능 부문 목표뿐만 아니라 사업 부문 목표도 함께 수립해야 한다. 아이디어를 판매하고 자원을 두고 경쟁하는 데 필요한 연합과 네트워크를 통해 일해야 한다. 소피는 물류 및 유통 분야에서 꾸준히 승진을 거듭했다. 그런데도 CEO는 소피의 책임 일부를 박탈하는 급진적인 조직 개편을 시행하고자 했다. 도대체 어쩌다 이런 일이 벌어졌을까?

매년 점진적 개선에 대한 보상을 받아온 소피는 더 넓은 시장에서 우선순위가 바뀌고, 그에 따라 회사 내부적으로 고위층에서 자원과 권력이 재편되고 있다는 사실을 알아차리지 못했다. 충성심 강하고 성과가 뛰어난 팀을 구축했지만, 대응 방법에 대한 아이디어는 고사하고 새로운 임무를 예측하는 데 도움을 줄 그룹 외부 인맥이 거의 없었다.

소피는 유통 문제가 자기 영역이라고 주장했지만, 설득에 실패하자 컨설턴트를 고용해 대안을 준비했다. 하지만 상사는 소피가 폭넓고 장기적인 사업상 관점이 부족하다고 결론 내렸다. 좌절한 소피는 회사를 그만두어야 할지 고민했다. 하지만 고참 리더의 인내심 있는 코칭을 받은 뒤, 소피는 자신이 속한 부서를 벗어나 회사 안팎의 오피니언 리더들과 대화를 나누면서 미래를 위해 설득 가능한 계획을 세워야 한다는 사실을 깨달았다.

연구에 따르면 임원과 팀장을 구분하는 기준은 앞으로 나아갈 방향을 파악하고 거기에 필요한 사람들을 끌어들이는 능력에 있다. 이해관계자를 모집하고, 동맹과 동조자를 모으고, 정치 환경을 진단하고, 연관 없는 당사자들 간 대화를 중개하는 것 등이 리더의 역할이다. 리더십 전환기에 접어들면서 몇몇 팀장은 다른 사람들에 대한 의존도가 높아지는 현상을 받아들이고 이를 상호적인 영향으로 전환하려고 노력한다. 반면에 이런 일을 '정치적'으로 치부한 팀장들은 결국 목표 달성 능력이 손상된다.

우리의 샘플 참여자 중 몇몇은 후자의 접근 방식을 선택했다. 그들은 자신의 선택을 개인적 가치와 성실성 문제라며 정당화했다. 한 예로, 리더십에 '문제가 있다'고 설명한 대기업의 한 부서 팀장 조디는 내부의 적대 세력이 부서의 주요 기능을 장악했을 때 회사 내 광범위한 네트워크를 활성화하려는 시도조차 하지 않았다. 조직 내 누구에게도 도움을 요청하지 않은 이유를 묻자, 그는 '어리석은 정치 게임'을 거부한다고 대답했다.

"저는 제 관점에서 윤리적이고 옳다고 생각하는 일만 할 수 있거든요."

어리석든 그렇지 않든, 그로 인해 조디는 직속 부하와 동료들의 존경과 지지를 잃었다. 그들은 자기 방어 의지가 없는 사람을 따르려 하지 않았다. 결국 그는 회사를 떠나야 했다.

뛰어난 전략적 네트워크의 핵심은 '활용'이다. 즉, 네트워크의 한 부문에서 정보와 지원, 자원을 모아 다른 부문에서 성과를 달성하는 능력을 말한다. 전략적 네트워킹을 하는 사람은 간접적 영향력을 사용해 자신의 네트워크에 속한 사람이 그 네트워크에 속하지 않은 다른 사람을 설득해서 필요한 조치를 하게 한다. 더욱이 전략적으로 네트워킹을 형성하는 사람은 관계적 환경에만 영향을 미치는 것이 아니다. 부하직원을 이동 및 채용하고, 공급업체와 자금 조달원을 바꾸고, 동맹을 동등한 위치에 배치하기 위해 로비를 하고, 사업 목표에 유리한 네트워크를 만들기 위해 이사회까지 재구성한다. 조디는 이런 전술을 사용하지 않았지만, 그의 반대 세력들은 그렇게 했다.

전략적 네트워킹을 위해서는 팀장이 업무상의 요구 사항을 충족하는 데 쏟는 시간과 에너지의 상당 부분을 투자해야 한다. 따라서 이제 막 팀장이 된 사람들에게는 그 과정이 버겁게 느껴질 수 있고, 그런 이유로 많은 팀장이 전략적 네트워킹이 가장 필요할 때, 즉 부서가 어려움에 부닥쳐 외부의 지원을 통해서만 되살아날 수 있을 때 전략적 네트워킹을 포기하는 경우가 많다. 이럴 때는 업무적 네트워크에 숨지 않고 이를 보다 전략적 네트워크로 발전시켜야 한다.

예를 들어, 한 팀장은 스타일과 전략적 접근 방식의 심한 차이에서 비롯된 상사와의 갈등을 회사 전체에 걸친 수평적·기능적 인맥을 활용해 해결했다. 멀리 떨어진 장소에서 운영 업무에 매여 있던 이 팀장은 본사와 연락이 끊긴 상태였다. 그는 직속 부하직원에게 현지 관리 업무를 더 많이 맡기는 동시에 자신의 네트워크를 통해 상사와 다시 연락하는 데 도움이 되는 메시지를 보내 상황을 해결했다.

업무적·개인적·전략적 네트워크는 서로 배타적이지 않다. 소비자 가전 업계에서 일하는 한 팀장은 사냥이라는 개인적 취미를 활용해 석공이나 이삿짐센터에서 일하는 사람처럼 다양한 직업군의 사람을 만났다. 사냥 친구 중에는 그의 업무와 관련 있는 사람이 거의 없었지만, 그에게는 그들과 공유하는 일상적인 관심사가 있었다. 바로 고객 관계다. 사냥 친구들의 문제와 기법에 대해 들으면서 그는 자기 문제를 다른 관점에서 바라볼 수 있었고, 업무에서 테스트할 수 있는 원칙을 정의하는 데 도움이 되었다. 결국 사냥 파트너라는 개인적 네트워크에서 시작한 관계가 업무 및 전략 면에서 큰 가치를 띠었다.

여기서 관건은 내부와 외부의 연결고리를 구축해 활용도를 극대화하는 능력이다. 물론 다른 사람들과의 네트워킹을 피하거나 네트워킹을 제대로 하지 못하는 사람도 적지 않다. 이들이 네트워킹에 실패하는 이유는 전략적 필요성이 아니라, 대인관계의 화학 작용에 따라 관계 구축을 결정하기 때문이다.

각 영역에 맞는 네트워킹 활용법

업무란 네트워킹의 일부이며, 리더의 안전지대 경계를 벗어나는 작업까지 포함하기 때문에 결코 쉽지 않다. 리더는 어떻게 하면 이에 따르는 고충을 줄이고 이득을 극대화할 수 있을까? 그 비결은 네트워킹 각 영역의 요소를 다른 영역에 활용하는 것이다. 예를 들어, 객관적이고 전략적인 조언자가 될 수 있는 개인적 인맥을 찾거나 인접한 부서의 동료를 하나의 지지층으로 전환하는 것이다. 무엇보다 네트워킹의 정당성과 필요성에 대한 태도를 바꿔야 한다.

마음가짐에 유의하라

네트워킹 기술을 향상하기 위해 노력하는 팀장들과 토론하다 보면 "다 좋은데, 전 이미 하루 일정이 정해져 있어요"라는 말을 자주 듣는다. 앞선 사례의 조디처럼 인맥을 통해 일하는 것을 '아는 것'이 아니라 '아는 사람'에 의존하는 방법, 즉 위선적이고 심지어 비윤리적인 방법이라고 생각하는 사람도 있다. 이유야 어찌 되었든, 리더가 되려는 사람은 네트워킹이 새로운 직책에서 가장 중요한 요건 중 하나라는 생각이 들지 않으면 충분한 시간과 노력을 투자하지 않을 것이다.

이 문제를 해결하기 위한 가장 좋은 해결책은 좋은 롤모델을 찾는 것이다. 받아들이기 어렵거나 비생산적인 행동으로 보일지라도 자신이 존경하는 사람이 그 행동을 윤리적으로 잘 소화해 내면 그에 대한 관점이 바뀐다. 예를 들어, 한 소비재 브랜드 그룹의 유럽 총괄 책임자 게이브리얼 체너드는 전임 총괄 책임자로부터 지점 방문을 활용해 직원 및 고객과의 관계를 공고히 하는 방법을 배웠다. 비행기와 자동차로 여행하는 모든 시간이 동행하는 사람들과 서로 안부를 묻고 관계를 구축하는 기회가 되었다. 상사가 한가한 휴식이 될 수도 있는 시간에 얼마나 많은 일을 해내는지 지켜보면서 게이브리얼은 이 방식을 자기 경영 스타일의 중요한 부분으로 받아들였다.

효과적이고 윤리적인 네트워킹에서는 다른 암묵적 기술과 마찬가지로 판단력과 직관이 중요하다. 습관처럼 네트워킹하는 사람들을 관찰하고 피드백을 받으면서 많은 것을 배울 수 있다.

외부에서 내부로 네트워킹하라

전략적 네트워킹에서 가장 어려운 부분은 회사 내부의 업무든 회사 외부의 업무든 간에 상급자와 접촉하는 데 자연스러운 '핑계'가 없을 때가 많다는 점이다. 함께 일하거나 목적을 공유하는 등 평소 소통하지 않으면 그 누구와도 관계를 구축하기 어렵다.

유능한 팀장들은 개인적 관심사를 전략적 영역으로 전환하는 등 외부에서 공통점을 찾기도 한다. 헨더슨이 좋은 예다. 미디어 산업 고객 그룹 담당 투자은행가인 핸더슨은 다른 산업에 종사하는 선배 동료들과 어떻게 만날 수 있을지 항상 고민했다. 그는 사업 개발 활동을 향상시키기 위해 개인적으로 관심 많은 연극 관람에 시간을 투자하기로 했다. 그의 비서는 1년에 네 차례 시내 호텔에서 뷔페로 저녁 식사를 예약하고 극장 티켓을 예매했다. 그리고 그 자리에 주요 고객을 초대했다. 이런 행사를 통해 그는 사업을 발전시켰을 뿐만 아니라 고객사에 대해 잘 파악하면서 회사 내 다른 부서에 대한 아이디어를 얻고 동료들과 교류할 수 있게 되었다.

직무상 관심사나 전문성을 활용해 회사 안팎으로 인맥을 구축하는 팀장들도 있다. 예를 들어, 브랜드 관리부터 품질 혁신 운동인 식스 시그마Six Sigma, 글로벌 전략에 이르기까지 거의 모든 사업 영역에 실무 커뮤니티가 존재한다(아니면 인터넷에서 쉽게 커뮤니티를 만들 수 있다). 유능한 팀장은 조직 외부에서 관심사가 비슷한 사람끼리 연락해 지식을 공유하고 확장한다. 이렇게 수집한 정보가 내부 인맥을 형성하는 '연결고리'가 되는 경우도 상당히 많다.

시간을 재분배하라

리더가 되려는 사람이 위임 기술을 익히지 못했다면 네트워킹하는 데 시간을 내기 힘들 것이다. 다른 부서 사람들과 공식 및 비공식 회의에 참여하면 기능적 책임과 내부 팀 업무에 쓸 시간을 빼앗길 테니 말이다. 완수한 업무에 따르는 명백한 보상과 네트워킹에 따르는 모호하고 번번이 지연되는 보상 사이에서 순진한 팀장은 반복적으로 전자를 선택한다. 그러나 네트워킹 연습을 적게 할수록 효율성이 떨어지면서 악순환이 계속된다.

앞서 설명한 화장품 회사의 생산 책임자이자 이사회 멤버인 헨리크는 이사회 회의를 준비하면서도 공식적인 행사 외에는 이사회 멤버들과 어울리지 않았다. 그 결과, 그는 다른 멤버들이 그가 맡은 역할의 핵심에 대해 이의를 제기할 때마다 놀랐다.

이와 대조적으로, 효율적인 사업 리더는 매일 많은 시간을 할애해 목표를 달성하는 데 필요한 정보를 수집하고, 반드시 특정 사안이나 업무를 담당하지 않더라도 다른 많은 사람과 비공식적인 토론을 활용한다. 이들은 공식적인 회의뿐만 아니라 지속적으로 정보를 얻기 위해 네트워크를 형성한다.

구하라, 그러면 받을 것이다

많은 팀장이 방대한 연락처 데이터베이스를 보유하거나 유명한 전문 콘퍼런스 및 이벤트에 참석하는 것이 좋은 네트워크를 형성하는 길이라고 생각한다. 실제로 기록 관리를 개선하거나 네트워크 관리 도구를 도입해 네트워킹 구축 계획에 착수하는 사람들을 본 적도 있다. 하지만 이들은 그다음 단계인 전화를 거는 일은 주저하고 절실한 도움이 필요할 때까지 기다린다. 그러나 네트워킹을 잘하는 사람은 도움이 필요하든 필요하지 않든 네트워크에서 도움을 주고받을 모든 기회를 확보한다.

네트워크는 활용해야만 살아나고 번성한다. 좋은 방법은 간단한 요청을 하거나 서로 만나면 도움을 주고받을 만한 두 사람을 연결해주는 것이다. 무언가를, 무엇이든 시작하면 공이 굴러가고, 실제로 자신이 기여하고 있다는 자신감이 생긴다.

꾸준히 실천하라

네트워킹의 이점을 누리려면 시간이 조금 걸린다. 많은 팀장이 네트워킹을 최우선 과제로 삼겠다고 결심하지만, 첫 번째 위기가 닥쳤을 때 좌절한다. 사업 부문 책임자가 되겠다는 목표를 달성하기 위해 더 넓은 네트워크가 필요하다는 사실을 깨달은 규제 업무 전문가 해리스 로버츠가 대표적인 예다.

해리스는 '부자연스러운 행동'처럼 느껴지는 일을 억지로 해 보기 위해 경영대학원 동문 네트워크의 연락 담당자로 자원했다. 하지만 6개월 후 중요한 신약 승인 절차 때문에 무리한 일정에 쫓기자 모든 외부 활동을 중단했다. 2년이 지났을 때 그는 연락이 다 끊긴 채 여전히 기능직 책임자로 일하고 있었다. 업계 콘퍼런스에 참석하거나 동료들과 의견을 나누는 데 시간을 할애하지 않아, 자신을 더 매력적인 승진 대상자로 만들 전략적 관점과 정보를 놓쳤기 때문이다.

리더십 네트워크 구축은 기술보다 의지의 문제다. 첫 번째 노력으로 빠른 보상이 생기지 않을 때, 어떤 사람은 자신이 네트워킹에 재능이 없다고 결론 내릴 수도 있다. 하지만 네트워킹에서 중요한 것은 재능이 아니다. 반드시 사교적이고 외향적인 성격이 필요하지도 않다. 네트워킹의 핵심은 기술이다. 이 기술을 갖추는 데는 훈련이 필요하다. 훈련을 통해 네트워킹을 잘하는 방법뿐 아니라 즐기는 방법까지 배운 사람들은 외부 관계를 활용하지 못하거나 자신의 업무를 좁게 정의하는 데 갇혀 있는 사람들보다 커리어에서 더 큰 성공을 거둔다.

리더십 전환에 성공하기 위해서는 명확하게 정의된 업무적 네트워크의 제한에서 벗어나야 한다. 리더가 되려는 사람은 조직과 업무의 경계를 넘나드는 전략적 네트워크를 구축하고 활용하는 방법을 배워야 하며, 전략적 네트워크를 새롭고 혁신적인 방식으로 연결해야 한다. 평생 실무에 기여하고 일일이 직접 통제하면서 일하다가 갑자기 네트워크를 구축하고 활용하면서 일하는 모호한 과정으로 도약하기는 어렵다.

리더는 자신을 정의하는 새로운 방법을 찾고 새로운 관계를 개발해 새로운 페르소나를 장착하고 키워나가야 한다. 또한 네트워킹이 새로운 리더십 역할의 가장 중요한 요건 중 하나라는 사실을 받아들이고, 끊임없이 시간과 노력을 쏟아야 한다.

허미니아 아이바라는 코라 리더십 및 학습 석좌교수이자 인시아드 조직행동학과 교수다. 리더십 개발 및 경력 개발, 조직관리 분야 전문가다. 2013년 '싱커스 50Thinkers 50'에 선정되었다. 《마침내 내 일을 찾았다Working Identity》(새로운현재, 2014), 《아웃사이트: 변화를 이끄는 행동 리더십Act Like a Leader, Think Like a Leader》(시그마북스, 2016) 등을 집필했다.
마크 헌터는 인시아드의 겸임 교수이자 선임 연구원이다. 2003년 세계 탐사 보도 네트워크의 창립 멤버였다. 탐사보도 전문가로서 탐사보도 아랍 기자단ARi, 프랑스 텔레비전스, 런던 탐사보도 센터를 비롯한 많은 단체와 함께 일한다.

리더의 성공을 판가름하는 네트워킹의 핵심

성공적인 리더와 그렇지 않은 리더를 구분하는 요소는 무엇일까? 바로 네트워킹이다. 네트워킹이란 일을 완수하는 데 필요한 지원과 피드백, 자원을 마련하기 위해 개인적 인맥을 구축하는 것을 말한다.

그런데도 많은 리더가 네트워킹을 피한다. 그럴 시간이 없다고 생각하는 사람도 있다. 또 네트워킹이 속임수라며 경멸하는 리더들도 있다.

아이바라와 헌터는 리더로 성공하기 위해서는 3가지 유형의 네트워크를 구축하라고 강조한다.

- **업무적 네트워크:** 주어진 일상적 업무를 수행하는 데 필요한 사람들
- **개인적 네트워크:** 개인적 발전을 위해 도움을 줄 수 있는 조직 외부의 친한 사람들

- **전략적 네트워크:** 조직의 핵심 목표를 달성할 수 있도록 도와주는 조직 외부의 사람들

3가지 유형의 네트워크 모두 필요하다. 하지만 진정으로 성공하려면 새로운 사업 기회에 눈을 뜨게 하고 이를 활용할 수 있도록 도와줄 사람들과 정기적으로 교류하면서 전략적 네트워크를 구축해 자기 자신과 회사의 성과를 향상시켜야 한다.

가장 효율적으로 일하는 리더는 3가지 유형의 네트워크 간 차이점과 이를 구축하는 방법을 잘 알고 있다.

	업무적 네트워크	개인적 네트워크	전략적 네트워크
네트워크의 목적	업무를 효율적으로 완수한다.	코칭과 멘토링을 통해 전문 기술을 개발한다. 중요한 참고 자료와 필요한 외부 정보를 교환한다.	미래의 우선순위와 과제를 파악한다. 이에 대한 이해관계자의 지원을 받는다.
네트워크 구성원을 찾는 방법	프로젝트를 방해하거나 지원할 수 있는 사람들을 파악한다.	전문가 협회와 동창회 그룹, 동호회와 클럽, 개인적으로 관심 있는 커뮤니티에 참여한다.	다른 기능 및 사업 부서 관리(직접적인 통제를 벗어난 사람들)의 수평적·수직적 관계를 파악한다. 그러면 자신의 역할과 기여가 전체 그림에 어떻게 부합하는지 판단하는 데 도움이 된다.

네트워킹에는 노력이 필요하다. 이에 따르는 고충을 줄이고 이익을 극대화하기 위해서는 다음과 같은 방법이 필요하다.

- **사고방식 가다듬기:** 네트워킹은 리더십 역할의 가장 중요한 요건 중 하나임을 인정한다. 네트워킹에 대한 거리낌을 극복하기 위해 존중할 만하면서도 효과적이고 윤리적으로 네트워킹을 형성하는 사람을 찾아, 그 사람이 목표를 달성하기 위해 네트워크를 어떻게 사용하는지 관찰한다.

- **시간 재분배하기:** 위임 기술을 익혀 인맥을 구축하는 데 사용할 시간을 확보한다.

- **인맥 형성하기:** 사회적 관심사를 활용해 전략적 문제를 해결할 계기를 마련하는 등 자신의 직무나 조직을 넘어 사람들과 교류할 이유를 만든다.
  사례: 한 투자은행가는 주요 고객들을 1년에 네 차례 자신의 관심사인 연극 공연에 초대했다. 이런 행사를 통해 그는 사업을 발전시키고 고객사에 대해 알게 되어 회사 내 다른 부서를 위한 사업과 아이디어를 창출했다.

- **지속적으로 주고받기:** 정말 필요한 일이 생길 때까지 기다 렸다가 네트워크 구성원에게 부탁하지 말고, 도움이 필요 하든 필요하지 않든 네트워크 구성원과 도움을 주고받을 기회를 미리 마련한다.

부하직원의 업무를 떠맡아 시간을 낭비하지 마라

윌리엄 온켄 주니어, 도널드 바스

팀장은 일이 많아 시간 부족에 허덕이는데, 부하직원은 그와 반대로 업무가 부족한 경우가 많다. 그 이유는 무엇일까? 이 글에서는 팀장과 그들의 상사, 동료와 부하직원 간 상호작용과 관련된 시간 경영의 의미를 살펴보려고 한다. 구체적으로 3가지 종류의 시간 관리에 대해 다루어볼 것이다.

- **상사가 부여한 시간:** 상사가 요구한 과제를 달성하는 데 사용된다. 이를 무시하면 직접적이고 신속하게 처벌받는다.
- **시스템에서 부과한 시간:** 동료의 적극적인 지원 요청을 수용하는 데 사용된다. 이 요청을 무시하면 항상 직접적이거나 신속하

지는 않더라도 처벌을 받는다.

- **스스로 부과한 시간:** 팀장 자신이 시작했거나 동의한 작업을 수행하는 데 사용된다. 이런 시간 중에서 부하직원이 가져가는 시간을 '부하직원이 부과한 시간'이라 하고, 자신이 직접 사용하는 나머지 시간을 '재량 시간'이라고 한다. 스스로 부과한 시간은 상사나 조직에서 팀장이 애초에 의도한 일을 하지 않았는지 모르기 때문에 징계도 처벌도 받지 않는다.

이런 다양한 요구를 수용하기 위해 팀장은 자신이 하는 일의 시기와 내용을 통제해야 한다. 상사와 조직에서 부과하는 요구 사항을 팀장이 함부로 변경하면 불이익을 받을 수 있으므로, 스스로 부과한 시간이 팀장의 주요 관심 분야가 된다.

팀장은 종속적인 요소를 최소화하거나 없애 스스로 부과한 시간의 재량적 요소를 늘리려고 노력해야 한다. 그러면 늘어난 시간을 활용해 상사가 부과한 활동과 조직에서 부과한 활동을 더 잘 통제할 수 있다. 팀장은 대부분 자기도 모르게 부하직원의 문제를 처리하는 데 훨씬 더 많은 시간을 쓴다. 이 글에서는 '등에 올라탄 원숭이'의 비유를 사용해 부하직원이 부과한 시간이 어떻게 발생하고, 상사가 이에 대해 무엇을 할 수 있는지 살펴보자.

원숭이는 어디에 있는가?

팀장이 복도를 걸어가다 부하직원 존스가 걸어오는 모습을 발견했다. 다가온 존스가 팀장에게 인사하며 이렇게 말한다.

"좋은 아침입니다. 그런데 문제가 생겼어요. 아시다시피……."

존스와 같은 사례를 여러 번 접해보면, 부하직원이 팀장의 의견을 구하는 모든 문제에는 두 가지 공통점이 있다는 사실을 금방 알 수 있다. 팀장은 (1) 문제에 개입할 만큼은 알고 있지만, (2) 그 자리에서 바로 결정을 내릴 만큼은 알지 못한다는 점이다.

"이 얘기를 꺼내줘서 정말 고마워요. 그런데 지금은 너무 바빠서요. 좀 더 생각해보고 다시 알려드리죠."

팀장은 이렇게 대꾸한 다음 가던 길을 계속 간다.

방금 일어난 일을 분석해보자. 두 사람이 만나기 전에는 '원숭이'가 부하직원의 등에 있었다. 그런데 헤어진 뒤에는 팀장의 등으로 옮겨갔다. 부하직원이 부과한 시간은 원숭이가 부하직원의 등에서 팀장의 등으로 성공적으로 뛰어오르는 순간부터 시작되며, 원숭이를 돌보고 먹이를 주기 위해 원래 주인에게 돌려보낼 때까지 끝나지 않는다.

원숭이를 받아들이면서 팀장은 부하직원에게 종속되는 위치도 받아들였다. 즉, 팀장은 부하직원이 일반적으로 상사를 위해 해야 하는 두 가지 일을 함으로써 자신을 존스의 부하직원으로 만들어버렸다. 부하직원의 책임을 떠맡았고, 그에게 진행 상황을 보고하겠다고 약속한 것이다.

부하직원은 팀장이 이 점을 잊어버리지 않았는지 확인하기 위해 나중에 유쾌하게 물어볼 것이다.

"어떻게 되고 있나요?"(이를 흔히 '감독'이라고 한다.)

다른 부하직원 존슨과 회의를 마치면서 팀장이 이렇게 말했다고 해보자.

"좋아요, 내게 이 부분에 대한 메모를 이메일로 보내줘요."

이 상황에서는 다음 행동이 부하직원의 몫이기 때문에 원숭이가 부하직원의 등에 올라타 있긴 하다. 하지만 언제든 팀장의 등에 뛰어오를 준비를 하고 있다.

원숭이를 주의 깊게 관찰하면, 존슨은 요청받은 대로 메모를 성실히 작성해서 팀장에게 보낸다. 얼마 지나지 않아 팀장은 자신의 이메일 수신함에서 메모를 확인한다. 이제 팀장이 행동할 차례다. 만약 곧바로 조처하지 않으면, 팀장은 부하직원으로부터 계속 메모를 받을 것이다(이는 또 다른 형태의 감독이다). 팀장이 더 지체할수록 부하직원은 더 좌절감에 빠지고(계속 쳇바퀴만 돈다), 팀장은 더 큰 압박을 느낄 것이다(부하직원의 밀린 시간은 점점 늘어난다).

또 다른 부하직원 스미스와의 회의에서 팀장이 방금 스미스에게 홍보안을 제출하도록 요청하고, 필요한 모든 지원을 제공하는 데 동의했다고 가정해보자. 팀장은 스미스에게 "내가 어떻게 도와주면 좋을지 알려줘요"라고 말했다.

이제 이 상황을 분석해보자. 이번에도 원숭이는 부하직원의 등에 올라타 있다. 하지만 얼마나 오랫동안 부하직원에게 있을까? 스미스는 홍보안이 팀장의 승인을 받기 전까지 그의 제안을 팀장에게 '알릴' 수 없음을 알게 된다. 경험에 비춰볼 때 제안서는 팀장의 서류 가방에 몇 주 동안 처박혀 있다가 한참 뒤에야 팀장의 책상에 올라갈 가능성이 크다는 사실도 알고 있다. 진짜 원숭이는 누구의 등에 있을까? 누가 누구의 일을 확인할까? 쳇바퀴 돌기와 병목 현상이 다시 일어난다.

다른 부서에서 막 이동해온 부하직원 리드는 새로 출범할 사업을 시작하고 관리하려 한다. 팀장은 곧 회의해서 새로운 업무에 대한 목표를 세우자고 말하며 "제가 당신과 논의하기 위해 초안을 만들어볼게요"라고 덧붙인다. 이 사례에서도 부하직원은 (공식적인 부서 배치에 따라) 새로운 업무를 맡았고 (공식적인 위임을 통해) 모든 책임을 지게 되었다. 하지만 다음 단계는 팀장에게 달려 있다. 이 단계를 처리할 때까지 원숭이는 팀장의 등에 있어, 부하직원은 아무 일도 하지 못한다.

왜 이런 일이 생기는 걸까? 각각의 사례에서 팀장과 부하직원이 처음부터 의도했든 의도하지 않았든 검토 중인 문제가 공동의 문제라고 가정하기 때문이다.

각 사례에서 원숭이는 두 사람의 등에 올라타 있다. 원숭이가 다리를 슬쩍 디디기만 해도 부하직원은 쏜살같이 사라진다. 따라서 팀장은 자신의 동물원에 원숭이를 한 마리 더 들여온다. 물론 원숭이가 다리를 함부로 움직이지 않도록 훈련할 수도 있지만, 애초에 원숭이가 두 사람의 등에 걸터앉지 않도록 하는 쪽이 더 낫다.

누가 누구를 위해 일하는가?

앞서 언급한 네 명의 부하직원이 상사의 시간을 매우 사려 깊게 배려해 하루에 셋 이상의 원숭이가 각자의 등에서 팀장의 등으로 뛰어내리지 못하게 신경 쓴다고 가정해보자. 주 5일 근무하는 팀장은 비명을 지르는 원숭이 60마리를 일일이 돌보느라 너무 바쁠 것이다. 그래서 그는 부하직원이 부과한 시간 때문에 자기 시간의 '우선순위'를 바꿔야 하는 신세가 된다.

금요일 오후 늦게, 팀장은 사생활을 확보하기 위해 문을 닫고 사무실에서 현재 상황을 곱씹는다. 부하직원들은 밖에서 팀장에게 '어느 쪽이든 태도를 분명히' 해야 한다는 사실을 일깨우며 주말이 오기 전 마지막 답변을 기다린다. 그들이 밖에서 기다리며 팀장에 대해 이렇게 말한다고 생각해보자.

"팀장님이 결정을 내리지 못해서 병목 현상이 심하네요. 어떻게 이런 높은 자리에 올랐는지 모르겠다니까요."

무엇보다 팀장이 '다음 단계'를 결정할 수 없는 이유는 그의 상사와 시스템이 부과한 요구 사항을 충족하는 데 거의 모든 시간을 바치기 때문이다. 이런 과제를 해결하기 위해서는 재량 시간이 필요하다. 다른 원숭이들에게 몰두하느라 사라진 시간 말이다.

팀장은 악순환의 고리에 갇혀버렸다. 하지만 시간은 낭비되고 있다(이것도 절제된 표현이다). 팀장은 비서에게 인터폰으로 월요일 아침까지 부하직원들을 만날 수 없을 거라고 전하도록 지시한다. 오후 7시가 되자, 그는 차를 타고 집으로 돌아가면서 일을 처리하기 위해 다음 날도 출근해야겠다고 결심한다. 다음 날 아침 일찍 출근한 그는 사무실 창문 너머로 골프장에 있는 부하직원들을 발견한다.

이제 팀장은 누가 누구를 위해 일하는지 깨닫는다. 게다가 이번 주말에 자신이 목표한 바를 실제로 달성하면 부하직원들의 사기가 급격히 올라가 각자 자신의 등에 올라탈 원숭이의 수를 최대한 늘릴 거라는 사실도 안다. 요컨대, 그는 산 정상에서 계시라도 받은 듯, 더 많이 일할수록 더 많이 힘들어진다는 것을 선명하게 깨닫는다.

그는 전염병을 피해 도망치듯 재빨리 사무실을 떠난다. 지난 몇 년간 미뤄왔던 일, 즉 가족과 주말을 보낼 계획이었다(가족과의 시간은 재량 시간의 다양한 형태 중 하나다).

계획을 명확히 세운 그는 일요일 밤에 10시간 동안 달콤한 잠을 즐긴다. 그는 부하직원들이 부과한 시간을 없앨 생각이다. 대신 그만큼의 재량 시간을 얻고, 그중 일부는 부하직원들과 함께 보내며 그들에게 '원숭이 돌보기와 먹이 주기'라는 어렵지만 보람 있는 경영 기술을 가르칠 계획이다.

상사가 부과한 시간뿐 아니라 시스템에서 부과한 시간의 타이밍과 내용을 통제한 팀장은 이제 재량 시간이 충분할 것이다. 몇 개월 걸릴 수도 있지만, 지금까지와 비교하면 보상이 엄청날 것이다. 그의 궁극적인 목표는 자기 시간을 경영하는 것이다.

팀장의 등에 업힌 원숭이 치우기

팀장이 월요일 아침에 늦게 출근하니 부하직원 넷이 사무실 밖에 모여 각자 원숭이 때문에 그를 기다리고 있다. 그는 원숭이 한 마리를 데려다가 책상 사이에 놓고 다음 조치를 어떻게 할지 상의하기 위해 직원을 한 명씩 불러들인다. 어떤 원숭이는 노력이 약간 필요하다.

부하직원의 다음 행보가 애매할 경우에는 우선 원숭이를 부하직원의 등에 업히고 하룻밤 자게 한다. 그리고 다음 날 아침 정해진 시간에 다시 원숭이를 데려와 직원이 보다 구체적인 행동을 취하도록 함께 노력한다(원숭이는 팀장의 등에서처럼 부하직원의 등에서도 편하게 잔다).

부하직원이 퇴근할 때마다 팀장은 부하직원의 등에 업혀 퇴근하는 원숭이의 모습을 보면서 보상을 받는다. 다음 24시간 동안 부하직원이 팀장을 기다리는 것이 아니라 팀장이 부하직원을 기다릴 것이다.

나중에 팀장은 자신의 개입을 막는 규칙이 없다는 사실을 상기하며 부하직원에게 밝은 표정으로 묻는다.

"어떻게 되고 있어요?"(이런 일을 하는 데 쓰이는 시간이 팀장에게는 '재량 시간'이고, 부하직원에게는 '팀장이 부여한 시간'이다).

다음 날 정해진 시간에 (원숭이를 등에 업은) 부하직원과 만난 자리에서 팀장은 다음과 같은 기본 원칙을 설명한다.

"내가 당신을 도우면 당신의 문제가 내 문제가 되고 말아요. 당신의 문제가 내 문제가 되는 순간, 당신에게는 더 이상 문제가 없죠. 문제가 없는 사람을 도울 수는 없어요. 회의가 끝나면 문제는 당신 등에 업혀서 여길 떠날 겁니다. 언제든 내게 도움을 요청하면 다음 단계로 넘어갈지, 어떤 조처를 할지 함께 결정할 겁니다. 다음에 할 일이 내 몫이라는 결론이 날 경우, 함께 결정할 거예요. 나 혼자서는 어떤 결정도 내리지 않을 겁니다."

고릴라를 위한 시간 만들기
- 스티븐 코비Stephen Covey

윌리엄 온켄이 처음 팀장의 등에 업힌 원숭이에 관한 글을 썼을 때, 팀
장들은 이에 완전히 매료되었다. 그들은 자신의 시간을 확보할 방법을
간절히 원했지만, 명령과 통제 상황이 바뀌지 않았다. 팀장들은 부하직
원이 결정을 내리도록 권한을 위임할 수 없다고 생각했다. 너무 위험하
고 위태롭기 때문이었다. 원숭이를 올바른 주인에게 돌려주자는 온켄
의 메시지에는 매우 중요한 패러다임의 전환이 담겨 있다.

온켄의 급진적인 제안 이후 많은 변화가 있었다. 경영 철학으로서 명령
과 통제는 거의 사라졌고, 경쟁이 치열한 글로벌 시장에서 성공하기 위
해 노력하는 대부분 조직에서 '권한 위임'은 일상이 되었다. 그러나 실
제로 명령과 통제는 여전히 널리 행해지고 있다. 경영 사상가들과 경영
진은 상사가 부하직원에게 원숭이 한 마리를 넘겨주고 나서도 마냥 즐
겁게 자기 업무를 처리할 수 없다는 사실을 발견했다. 부하직원에게 권
한을 위임하는 일은 어렵고 복잡한 문제다.

이유는 다음과 같다. 부하직원이 스스로 문제를 해결할 수 있도록 되
돌려주기 위해서는 부하직원에게 문제를 해결할 의욕과 능력이 있는
지 먼저 확인해야 한다. 모든 경영진이 알다시피, 항상 그렇지만은 않
다. 완전히 새로운 문제가 발생할 수도 있다. 권한 위임을 하기 위해서
는 종종 사람들을 육성해야 하는데, 여기에는 팀장 스스로 문제를 해결
하는 것보다 훨씬 더 많은 시간이 필요하다.

조직 전체가 권한 위임에 동참할 때만, 즉 공식적인 시스템과 비공식적
인 문화가 이를 뒷받침할 때만 성공적으로 권한을 위임할 수 있다. 팀
장은 결정을 위임하고 사람을 육성하는 것에 대한 보상을 받아야 한다.
그렇지 않으면 조직에서 실질적인 권한 위임 수준이 각 팀장의 신념과
실천에 따라 달라질 것이다.

그러나 권한 위임에 관한 가장 중요한 교훈은 온켄이 주장한 바와 같이
효과적인 위임이 팀장과 부하직원 간의 신뢰 관계에 달려 있다는 점일

것이다.

온켄의 메시지는 시대를 앞서간 면이 있지만, 그가 제안한 방법은 상당히 독재적인 해결책이었다. 그는 기본적으로 상사들에게 "문제를 다시 돌려줘라!"라고 말했다. 오늘날 우리는 이런 접근 방식 자체가 지나치게 권위주의적임을 안다. 효과적으로 권한을 위임하려면 상사는 부하직원과 지속적으로 대화를 나눠야 한다. 그리고 파트너십을 구축해야 한다. 부하직원이 상사 앞에서 실패하는 것을 두려워한다면 진정으로 주도권을 잡기보다 자꾸 도움을 요청할 것이다.

온켄의 글은 또한 지난 20년 동안 내가 크게 관심을 두었던 위임의 한 측면, 즉 많은 팀장이 실제로 부하직원의 원숭이를 맡고 싶어 한다는 사실을 간과했다. 나와 대화하는 거의 모든 팀장은 자기 직원들이 현재 업무에서 충분히 활용되지 못하고 있다는 데 동의한다. 그러나 가장 성공적이고 자신감 넘치는 임원들조차 부하직원에게 통제권을 넘겨주기가 무척 어렵다고 이야기한다.

이와 같은 통제를 향한 열망은 일반적이고 뿌리 깊은 믿음에서 비롯된다. 바로 인생에서 보상이란 드물고 희박하다는 믿음이다. 가족과 학교, 체육관 등 어디서 배웠든 많은 사람이 다른 사람과 자신을 비교하면서 정체성을 확립한다. 예를 들어, 다른 사람이 권력과 정보, 돈과 인정을 받는 모습을 보면 사람은 심리학자 에이브러햄 매슬로_{Abraham} Maslow가 '결핍감'이라고 말하는 감정에 사로잡힌다. 자신에게서 무언가 빠져나가고 있다는 느낌이 드는 것이다. 따라서 다른 사람의 성공, 심지어 사랑하는 사람의 성공에 대해서도 진정으로 기뻐하기 어렵다. 온켄은 팀장이 원숭이를 쉽게 돌려주거나 거절할 수 있으나, 많은 팀장이 무의식적으로 부하직원이 주도권을 잡으면 자신이 더 나약하고 취약해 보일까 봐 두려워한다고 주장했다.

그렇다면 팀장은 어떻게 내적 안정감, 즉 '풍요'의 정신을 개발할 수 있을까? 내적 안정감이 생기면 부하직원에게 통제권을 나눠주고 주변 사람들이 스스로 성장과 발전을 추구하도록 이끌 수 있다. 여러 조직과 함께 일한 결과, 나는 원칙에 기반한 가치 체계에 따라 정직하게 살아가는 팀장이 권한을 위임하는 업무 방식을 유지할 가능성이 가장 크다는 사실을 깨달았다.

글을 쓴 시기를 고려할 때, 온켄의 메시지가 팀장들의 공감을 불러일으
킨 것은 당연하다. 온켄이 스토리텔링에 탁월한 재능을 가지고 있었기
때문에 그의 메시지는 더욱 힘을 얻었다.

나는 1970년대에 순회 연설을 다니다가 온켄을 알게 되었고, 그가 아이
디어를 다채롭고 유연하게 표현하는 방식에 항상 깊은 감명을 받았다.
스콧 애덤스Scott Adams의 연재 만화 〈딜버트Dilbert〉처럼, 온켄은 팀장들
이 품은 불만의 핵심을 꿰뚫어보았고, 팀장으로 하여금 자신의 시간을
되찾고 싶게 만드는 기발한 기술을 선보였다. 등에 올라탄 원숭이는 온
켄에게 단순히 비유가 아니라 그 자신의 상징이었다. 그가 공항에서 원
숭이 인형을 어깨에 올린 채 걸어가는 모습을 여러 번 보았다.

그의 기사가 〈하버드 비즈니스 리뷰〉에서 가장 인기 있는 기사라는 사
실도 놀랍지 않다. 우리가 권력 위임에 대해 알고 있는 모든 점을 고려
하더라도, 그의 생생한 메시지는 지금도 여전히 혹은 과거보다 훨씬 더
중요하고 적절하다. 실제로 직원들이 긴급성과 중요도에 따라 업무를
분류하도록 하는 나의 시간 관리 업무도 온켄의 통찰을 기초로 삼고
있다.

나는 기업의 임원들로부터 업무 시간의 절반 이상을 긴급하지만 중요
하지 않은 일에 쓴다는 이야기를 여러 번 들었다. 이들은 다른 사람의
원숭이를 처리하는 끝없는 순환에 갇혀 있으면서도 정작 사람들이 주
도적으로 일을 처리하도록 돕는 데는 소극적이다. 그 결과, 그들은 너무
바빠 조직에서 '고릴라'를 처리하는 데 필요한 시간을 내지 못한다. 온
켄의 글은 효과적인 위임이 필요한 팀장들에게 강력한 경각심을 일깨
워준다.

* 스티븐 코비는 리더십 개발과 생산성 서비스 및 제품을 제공하는 글로벌 기업
프랭클린코비컴퍼니의 부회장이다. 〈하버드 비즈니스 리뷰〉 편집부는 온켄의
글을 재출간하면서 조직 컨설턴트이자 세계적인 리더십의 권위자인 스티븐 코
비에게 논평을 요청했다.

팀장은 오전 11시경까지 부하직원들과 이런 대화를 이어간다. 그리고 마침내 더 이상 자신이 문을 닫지 않아도 된다는 것을 알게 된다. 그의 원숭이들은 사라졌다. 원숭이는 돌아오겠지만, 그러려면 약속을 잡아야만 한다. 일정표가 일을 확실히 해줄 것이다.

부하직원에게 주도권을 넘겨라

등에 업힌 원숭이의 비유는 팀장이 부하직원에게 주도권을 넘기고 그 상태를 유지할 수 있다는 점을 강조한다. 이는 절묘한 동시에 명백한 진리다. 즉, 부하직원의 주도권을 키우기 전에 팀장에게 주도권이 있는지 확인해야 한다. 팀장이 주도권을 다시 가져가면 그는 더 이상 주도권을 가질 수 없고 재량 시간을 포기해야 할지도 모른다. 모든 시간이 다시 부하직원이 부과한 시간이 되어버린다.

팀장과 부하직원에게 같은 주도권이 동시에 효과적으로 주어질 수는 없다. "팀장님, 문제가 생겼어요"라는 서두는 이런 이중성을 내포하고 있다. 앞서 언급했듯이, 원숭이가 두 사람의 등에 걸쳐 있기 때문에 일을 진행하기에 매우 좋지 않은 방법이다. 따라서 잠시 시간을 내어 '경영 주도권의 해부학'이라고 하는 것을 살펴보자.

팀장이 상사 및 시스템과 관련해 행사할 수 있는 주도권의 수준은 5가지가 있다.

1. 들을 때까지 기다린다(주도권이 가장 낮음).
2. 무엇을 해야 할지 물어본다.
3. 제안하고, 그에 따라 행동한다.
4. 행동하되, 즉시 보고한다.
5. 스스로 행동한 후 정기적으로 보고한다(주도권이 가장 높음).

분명한 점은 팀장이 상사나 시스템과 관련해 주도권 1과 주도권 2에 빠지지 않을 만큼 전문적이어야 한다는 것이다. 주도권 1을 사용하는 팀장은 상사가 부과한 시간이나 시스템에서 부과한 시간의 시기나 내용을 통제할 수 없으므로 지시받은 내용이나 시기에 불만을 제기할 권리가 없다. 주도권 2를 사용하는 팀장은 시기는 통제할 수 있지만, 내용은 통제할 수 없다.

주도권 3, 4, 5에서는 팀장이 내용과 시기 모두 통제할 수 있다. 특히 5단계에서 가장 많은 통제권을 행사할 수 있다.

부하직원과의 관계에서 팀장의 역할은 두 가지다.

첫째, 주도권 1, 2의 사용을 금지해 부하직원이 '완전한 단계의 업무completed staff work'를 배우고 정복하게 한다.

둘째, 퇴근할 때 각 문제에 대해 합의된 수준의 주도권을 할당하고 팀장과 부하직원의 합의된 다음 회의 시간과 장소가 정해져 있는지 확인한다. 그리고 팀장의 일정에 회의 시간과 장소를 기록한다.

부하직원에게 업무를 할당하고 통제하는 법

등에 탄 원숭이와 업무를 할당하고 통제하는 과정의 비유를 좀더 명확히 하기 위해, '원숭이 돌보기와 먹이 주기'에 관련된 팀장의 약속 일정을 간단히 살펴보자. 여기에는 5가지 엄격한 규칙이 요구된다(이 규칙을 위반할 경우 팀장의 재량 시간이 사라진다).

규칙 1

원숭이에게 먹이를 주거나 원숭이를 없애야 한다. 그렇지 않으면 원숭이는 굶어 죽고 팀장은 사후 처리를 위해 귀중한 시간을 낭비하게 된다.

규칙 2

원숭이를 팀장이 먹이를 줄 수 있는 최대 수 이하로 유지해야 한다. 부하직원은 팀장이 먹이를 줄 수 있는 동안에는 원숭이를 돌볼 수 있지만 그 이상은 안 된다. 제대로 관리된 원숭이 한 마리에게 먹이를 주는 데 5~15분 이상 걸리지 않아야 한다.

규칙 3

미리 약속을 잡은 뒤 원숭이에게 먹이를 줘야 한다. 팀장이 굶주린 원숭이를 뒤쫓아가서 무작정 먹이를 주면 안 된다.

규칙 4

원숭이에게 먹이를 줄 때는 직접 대면하거나 전화로 한다. 메일로 보내서는 절대 안 된다(명심하자. 메일로 먹이를 주면 다음 조치가 팀장의 몫이 된다). 먹이를 주는 과정에 문서 기록이 추가될 수 있지만, 그 일이 먹이 주는 것 자체를 대신할 수는 없다.

규칙 5

원숭이마다 다음 먹이 시간과 주도권의 정도가 정해져 있어야 한다. 서로 합의에 따라 언제든 수정할 수 있지만, 모호하거나 막연해서는 안 된다. 그렇지 않으면 원숭이는 굶어 죽거나 팀장의 등에 올라탈 것이다.

시간 관리와 관련해 조언하자면 다음과 같다.
"당신이 하는 일의 시기와 내용을 통제하라."

사업에서 첫 번째 우선순위는 부하직원이 부과한 시간을 제거하고 팀장의 재량 시간을 늘리는 것이다. 두 번째 순위는 새로 확보한 재량 시간의 일부를 사용해 각 부하직원이 실제로 주도권을 갖추고 적용하게 하는 것이다. 세 번째는 늘어난 재량 시간의 다른 부분을 상사가 부과한 시간과 시스템에서 부과한 시간의 시기와 내용을 관리하고 통제하는 데 사용하는 것이다. 이 단계에 따라 실행하면 팀장의 영향력을 높이고 시간을 관리하는 데 필요한 시간의 가치를 이론적 제한 없이 늘릴 수 있다.

윌리엄 온켄 주니어는 경영 컨설팅 회사 윌리엄온켄코퍼레이션을 창업한 경영 컨설턴트다.

도널드 바스는 경영 컨설턴트로 일하며, 기업의 대표 및 CEO를 위한 국제 조직 TEC The Executive Committee의 댈러스·포트워스 지역 책임자다.

원숭이를 원래 주인에게 돌려주는 법

팀장이 복도를 지나가고 있는데, 한 직원이 팀장을 멈춰 세우며 말한다.

"문제가 생겼습니다."

팀장은 개입해야 한다고 생각하면서도 그 자리에서 결정을 내리지 못해 이렇게 대답한다.

"생각해볼게요."

팀장은 방금 '원숭이'가 부하직원의 등에서 자신의 등으로 뛰어오르도록 허용한 셈이다. 이제 팀장은 부하직원을 위해 일하게 되었다. 원숭이를 너무 많이 떠맡으면 본연의 업무를 처리할 시간이 사라진다. 상사의 지시를 이행하고 동료들이 사업 성과를 창출하도록 도울 수 없다.

이렇게 원숭이가 쌓이지 않도록 하려면 어떻게 해야 할까? 온 켄과 바스의 말처럼 부하직원의 주도성을 키워야 한다. 예를 들어, 직원이 문제를 전달하려고 할 때 해결책을 제안하고 실행할 것인지, 조치를 한 후 즉시 보고할 것인지, 아니면 조치하고 그 결과를 정기적으로 업데이트해 보고할 것인지 명확히 정한다.

부하직원이 직접 원숭이를 다루게 장려하면, 부하직원은 새로운 기술을 습득할 수 있고, 팀장은 자기 업무에 집중할 시간을 확보할 수 있다.

어떻게 하면 원숭이를 원래 주인에게 돌려줄 수 있을까? 온 켄과 바스, 스티븐 코비는 다음과 같이 제안한다.

원숭이를 처리하기 위한 약속을 잡는다

복도에서 부하직원을 지나칠 때처럼 즉흥적으로 원숭이에 관해 이야기하지 않는다. 그렇게 하면 진지한 대화를 하지 못할 것이다. 약속을 잡아 문제를 제대로 논의한다.

주도성 수준을 구체적으로 정한다

직원은 업무상 문제를 처리할 때 5가지 수준의 주도권을 행사할 수 있다. 가장 낮은 수준부터 가장 높은 수준까지 정리하면 다음과 같다.

1. 어떻게 해야 하는지 말할 때까지 기다린다.
2. 어떻게 해야 하는지 물어본다.
3. 조치를 제안하고 상사의 승인을 받은 후 실행한다.

4. 독립적인 조치를 하되, 즉시 팀장에게 알린다.

5. 독립적인 조치를 하고 장기적인 절차를 통해 업데이트한다.

부하직원이 문제를 제기할 때는 1 또는 2 수준의 방법을 사용하지 못하게 하고 3, 4, 5 수준에 따라 원숭이를 다루게 한다. 문제를 논의하는 데 15분 이상 사용하지 않는다.

처리 상황 업데이트 방식을 정한다

일의 진행 방법을 결정한 뒤에는 직원이 진행 상황을 보고할 시간과 장소를 정한다.

자신의 동기를 점검한다

어떤 팀장은 부하직원에게 더 많은 주도권이 생기면 약하고 취약하며 유용하지 않게 보일까 봐 걱정한다. 하지만 이러한 문제를 걱정하는 대신 내적 안정감을 길러 자유로워져야 한다. 부하직원들에 대한 직접적 통제권을 포기하고 직원들의 성장을 도모하는 데 힘쓴다.

직원의 기술을 개발한다

직원들은 원숭이를 처리할 의지나 능력이 부족할 때 원숭이를 넘겨주려 한다. 직원들이 문제를 해결하는 데 필요한 기술을 개발할 수 있도록 도와줘야 한다. 처음에는 팀장이 직접 문제를 해결하는 것보다 시간이 더 걸리겠지만 장기적으로는 시간을 절약할 수 있다.

신뢰를 구축한다

직원의 주도성을 키우려면 팀장과 직원 사이에 신뢰 관계가 형성되어야 한다. 직원들이 실패를 두려워하면 스스로 문제를 해결하려고 노력하기보다 계속 팀장에게 원숭이를 데려올 것이다. 실수해도 괜찮다고 직원을 안심시켜 신뢰를 증진한다.

팀장은 어떻게 조직을 이끄는 리더가 되는가

마이클 왓킨스

하랄은 유럽의 굵직한 화학 회사에서 15년 동안 경력을 쌓은 잠재력 높은 리더였다. 그는 플라스틱 사업부의 제품 담당 부장으로 출발한 뒤 홍콩으로 파견되어 사업부의 새로운 아시아 비즈니스 센터 설립을 도왔다. 홍콩에서 매출이 급증하자 곧 영업 책임자로 승진했고, 3년 후 유럽과 중동, 아프리카를 관리하는 영업 및 마케팅 책임자가 되어 80명의 전문가 그룹을 감독했다.

성공을 거듭한 그는 폴리에틸렌 사업부의 마케팅 및 영업 담당 부사장으로 승진해 여러 제품 라인과 관련 서비스, 그리고 약 200명의 직원을 책임지게 되었다. 하지만 하랄의 근면 성실한 노력은 전 세계에서 3,000명 이상의 직원을 보유한 플라스틱 수지 사업부의 책임자로 임명되면서 막을 내렸다.

회사에서는 그에게 강력한 팀과 더불어 작지만 번창하는 사업을 운영하도록 맡겼다. 이는 영업과 마케팅 관리를 넘어 사업 전체를 아우르며, 경험이 좀 더 풍부한 팀의 도움을 받아 사업부를 이끄는 법을 배우고, 복잡한 문제나 위기가 없는 상황에서 리더십 기술을 한 단계 발전시킬 기회였다. 모든 것이 완벽해 보였다. 하지만 새로운 직책을 맡은 지 몇 달이 지나도록 하랄은 여전히 어려움에 시달렸다.

하랄처럼 유망주로 인정받으며 한 부서를 이끌던 팀장들이 기업 전체를 이끄는 자리에 오르면 큰 어려움을 겪는다. 부서를 이끄는 팀장과 다르게 기업 리더는 손익을 책임지고 기업 전반에 걸쳐 여러 부서와 임원을 감독하는 자리이기 때문이다.

정상에 오르면 많은 것이 달라진다. 이 전환점을 심층적으로 분석해보자. 잠재력 높은 인재를 육성해온 팀장과 고위 인사 전문가, 이제 막 기업 경영진이 된 사람 등 40여 명의 경영진을 대상으로 광범위한 인터뷰를 진행한 결과, 이 전환기를 성공적으로 보내기 위해서는 리더십의 초점을 바꾸고 기술적인 측면에서도 까다로운 변화를 거쳐야 한다는 사실이 밝혀졌다. 이 변화를 '7가지 지각변동'이라고 부르자. 이들은 스페셜리스트에서 제너럴리스트로, 분석가에서 통합자로, 전술가에서 전략가로, 벽돌공에서 건축가로, 문제 해결사에서 의제 설정자로, 전사에

리더가 된 팀장이 겪는 7가지 지각변동

기능적 업무만 담당하던 팀장이 처음으로 기업 전반을 경영하는 리더가 되었을 때 겪어야 하는 변화에는 새로운 기술을 배우고 새로운 사고방식을 배양하는 것이 포함된다. 다음은 이런 변화와 각 변화에 따라 경영진이 해야 할 일이다.

스페셜리스트에서 제너럴리스트로

주요 사업 기능에서 사용되는 정신 모델과 도구, 용어를 이해하고 해당 부서의 리더를 평가하기 위한 템플릿을 개발한다.

분석가에서 통합자로

여러 부서로 구성된 팀의 집단적 지식을 통합하고, 복잡한 조직 문제를 해결하기 위해 적절한 절충안을 마련한다.

전술가에서 전략가로

세부 사항과 더 큰 그림 사이를 유동적으로 전환하고 복잡한 환경에서 중요한 패턴을 인식하며, 주요 외부 인사의 반응을 예측하고 영향을 미친다.

벽돌공에서 건축가로

전략과 구조, 운영 모델과 기술 기반이 효과적이고 효율적으로 조화를 이루도록 조직 시스템을 분석하고 설계하는 방법을 이해하며, 이런 이해를 활용해 필요한 조직의 변화를 이룬다.

문제 해결자에서 의제 설정자로

조직이 집중해야 할 문제를 규명하고, 어느 한 부서에 명확히 속하지는 않지만 여전히 중요한 문제를 찾아낸다.

전사에서 외교관으로
정부와 NGO, 미디어와 투자자 등 주요 외부 구성원에게 영향을 미쳐
사업이 운영되는 환경을 주도적으로 형성한다.

조연에서 주연으로
조직의 롤모델로서 올바른 행동을 보여주고, 여러 그룹 사람과 직·간
접적으로 소통하고 영감을 주는 방법을 배운다.

서 외교관으로, 조연에서 주연으로 전환하는 법을 배워야 한다.

다른 많은 동료와 마찬가지로 하랄도 이런 변화 대부분을 헤
쳐나가는 데 어려움을 겪었다. 예상치 못한 돌발 상황에 직면하
거나, 확신도 없는 가정을 세우고, 한정된 시간과 자신의 상상을
뛰어넘는 요구에 직면하며, 무지한 상태에서 결정을 내리는 등
실수로부터 배우는 하랄의 여정을 따라가면서 경영진으로 전환
하기가 왜 어려운지 알아보자.

스페셜리스트에서 제너럴리스트로

하랄이 당면한 과제는 단일 부서를 이끌던 입장에서 전체 사업
부서를 감독하는 입장으로 전환하는 것이었다. 처음 몇 달 동안
은 혼란스럽고, 자기가 올바른 판단을 내릴 수 있는지 자신이 없

었다. 그래서 잘 아는 부서는 지나치게 관리하고 다른 부서는 소홀히 관리하는 전형적인 함정에 빠졌다. 다행히 하랄은 인사 담당 부사장으로부터 영업 및 마케팅 담당 부사장과의 관계에 대해 직설적인 피드백을 받아 이 사실을 알 수 있었다.

"지금 클레어를 미치게 하고 있어요. 클레어에게 여유를 좀 주셔야 해요."

훨씬 더 광범위한 업무를 다루는 역할로 승진하면서 생기는 스트레스 앞에서 기능 부문의 안전지대에 머무르려는 하랄의 반응은 어렵지 않게 이해할 수 있다.

새로 임명된 기업 리더가 모든 사업 부문에서 세계적 수준의 전문가라면 근사하겠지만, 안타깝게도 전혀 그렇지 않다. 경우에 따라서는 다양한 부서를 순환하며 경험을 쌓거나 부서 간 프로젝트를 진행하며 경험을 쌓는 것이 도움이 되기도 한다(264쪽 '강력한 기업 리더를 육성하는 방법' 참조). 하지만 현실적으로 기업 리더가 되는 과정에서는 스페셜리스트였던 임원이 사업 운영에 필요한 모든 기능에 대해 전반적으로 충분히 파악을 마친 제너럴리스트로 빠르게 변신할 것을 요구받는다.

'충분히'란 어느 정도일까? 사업 전반을 책임져야 하는 리더는 사업 전체에 도움이 되는 의사결정을 내리고, 팀의 인재를 평가할 수 있어야 한다. 이 두 가지를 모두 수행하려면 사업 기능이 각각의 관리가 필요한 별도의 하위문화이며, 고유한 사고 모

강력한 기업 리더를 육성하는 방법

경력 초기에 잠재적 리더에게 다음과 같은 기회를 제공해야 한다.
- 부서 간 프로젝트에 대한 경험, 이후 그에 대한 책임감
- 국제적인 과제(글로벌 사업인 경우)
- 스타트업과 성장 가속화, 성공 유지와 사업 재편, 혁신과 폐쇄 등 다양한 사업 상황에 노출

리더십 잠재력이 분명해지면 다음과 같이 가능성이 더 큰 기회를 제공한다.
- 고위 경영 팀에서의 직책
- 외부 이해관계자(투자자와 미디어, 주요 고객들)와의 경험
- 경험이 풍부한 기업 리더의 직원으로 임명
- 인수 통합 또는 대규모 구조조정을 이끌도록 임명

처음 사업 총괄 책임을 맡기기 전에 다음과 같은 기회를 준다.
- 조직 설계와 사업 절차 개선, 전환 관리와 같은 역량을 키우고 외부 네트워크를 구축할 수 있게 하는 실질적인 임원 프로그램에 참여

처음으로 사업 전체 총괄을 맡길 때는 새로운 기업 리더를 다음과 같은 부서에 배치한다.
- 규모가 작고 별도로 운용되며 번영하는 부서
- 충분히 배울 수 있도록 노련하고 적극적인 팀원으로 이루어진 팀

델과 언어가 있다는 점을 인식해야 한다.

효율적으로 일하는 리더는 재무와 마케팅, 운영과 인사, 연구

및 개발 분야 전문가들이 사업 문제에 접근하는 저마다의 방식과 각 분야에서 적용하는 다양한 도구(현금 흐름 할인법과 고객 세분화, 공정 흐름, 승계 계획, 단계별 점검 방식 등)를 이해한다. 리더는 전 부서의 언어를 구사하고, 필요한 경우 부서 간 통역도 할 수 있어야 한다. 그리고 자신의 전문 분야가 아닌 업무를 관리할 사람을 평가하고 채용하기 위한 올바른 기준을 알아야 한다.

다행스럽게도 하랄은 성과가 좋은 부서에 배정되었고, 회사 내부에는 핵심 부서의 인재를 평가하고 개발하기 위한 강력한 시스템이 갖추어져 있었다. 성과 검토와 다면평가 피드백을 위한 시스템과 기업 내 각 부서의 의견을 수렴하기 위한 시스템도 마련되어 있었다. 예를 들어, 재무 및 인사 책임자는 하랄에게 직접 보고하는 동시에 각 기업 부서와도 비공식 보고 관계를 맺어, 하랄이 각 부서를 평가하고 개발하도록 지원했다. 그 덕분에 하랄은 각 부서에서 '우수성'이 무엇을 의미하는지 이해하는 데 도움이 되는 자료를 많이 확보할 수 있었다.

기업에서는 각 부서에 대한 표준화된 평가 체계를 구축해 새로운 리더가 업무에 빨리 적응하도록 도울 수 있다. 그러나 회사에 이런 시스템이 없더라도 조직의 리더가 되려는 사람은 다른 부서 동료들과 관계를 구축하고, (아마도 각각의 부서에 대한 통찰력을 얻는 대가로) 그들로부터 배우려고 노력하면 자기만의 방식을 개발할 수 있다.

분석가에서 통합자로

팀장과 같은 기능 부문 리더의 주된 책임은 특정 사업 활동의 심층 분석에 집중하는 사람들을 채용, 개발, 관리하는 것이다. 그리고 조직 리더의 역할은 조직의 중요한 문제를 해결하기 위해 이런 기능 부문 팀의 집단 지식을 관리하고 통합하는 것이다.

하랄은 사업상 상충하는 수많은 요구 사항을 해결하려고 노력하면서, 이런 전환으로 인해 줄곧 어려움을 겪었다. 예를 들어, 영업 및 마케팅 담당 부사장은 신제품을 공격적으로 시장에 출시하기를 원했지만, 운영 책임자는 영업직원의 수요 시나리오를 충족할 만큼 생산량을 빠르게 늘릴 수 없다고 우려했다.

하랄이 이끄는 이들은 그가 사업의 공급 측면(운영)과 수요 측면(영업 및 마케팅)의 요구 사이에서 균형을 찾아주기를 기대했다. 그뿐만 아니라 분기별 사업 결과(재무)에 집중해야 할 때와 미래(연구 및 개발)에 투자해야 할 때를 파악하고, 실행과 혁신에 각각 얼마나 많은 관심을 기울일지 결정하는 등 여러 가지 요구 사항을 해결하기를 바랐다.

다시 한번 강조하지만, 경영진에게는 이처럼 상충하는 문제를 해결하기 위해 다양한 부서에 대한 일반적인 지식이 필요하다. 그러나 그런 지식만으로는 충분하지 않다. 이럴 때는 분석보다 적절한 균형을 찾고 그러한 결정의 근거를 설명하는 방법을 이해하는 기술이 더 필요하다. 이번에도 다기능 부서나 신제품 개발 팀에서 일한 경험이 있으면 새로 부임한 기업 리더에게 유리할 수 있다. 고위 임원의 수석 보좌관으로 수습 경험을 한 것이나 마찬가지이기 때문이다. 하지만 궁극적으로 하랄이 깨달은 것처럼 실제로 문제를 처리하고 그 결과에서 배우는 일을 대신할 가르침은 없다.

전술가에서 전략가로

처음 몇 달 동안 하랄은 사업의 세부적 측면에 집중했다. 이는 전술적으로 대응하는 일은 활동이 매우 구체적이고 결과가 즉시 나타난다는 점에서 매력적이었다. 하지만 그 때문에 회의에 참석하고, 결정을 내리고, 프로젝트를 추진하는 등 일상적인 업무에 매몰되어 자신이 해야 할 일을 제대로 해내지 못했다. 하랄이 맡은 새로운 역할은 부서의 최고 전략가였다. 그 역할을 해내려면 많은 세부 사항을 내려놓고 더 높은 수준의 문제에 집중할 전략적 사고방식을 가져야 했다.

전술적으로 강한 리더는 이런 사고방식을 개발하는 방법을 어떻게 배울까? 레벨 변환과 패턴 인식, 정신적 시뮬레이션이라는 3가지 기술을 연마하는 것이다.

레벨 전환은 세부적인 분석에 집중해야 할 때와 큰 그림에 집중해야 할 때, 그리고 이 두 가지가 어떻게 연관되어 있는지 파악해 분석 수준을 유연하게 전환하는 능력이다. 패턴 인식은 복잡한 사업 및 그 환경에서 중요한 인과 관계와 그 밖의 유의미한 패턴을 식별하는 능력, 즉 소음 속에서 진짜 신호를 분리하는 능력이다.

정신적 시뮬레이션은 외부 당사자(경쟁사와 규제 기관, 언론과 주요 대중)가 자신이 하는 일에 어떻게 반응할지 예상하고, 그들의 행동과 반응을 예측해 최선의 방침을 규명하는 능력이다. 예를 들어, 하랄이 부임한 첫해에 아시아의 한 경쟁업체가 그의 사업부에서 생산하는 주요 수지 제품의 저가 대체품을 출시했다. 하랄은 즉각적인 위협뿐 아니라 경쟁사의 향후 의도에 대해서도 폭넓게 검토해야 했다. 그 아시아 기업이 저가형 제품을 이용해 더 많은 고객을 끌어들이고 점진적으로 더 다양한 제품을 제공할까? 그렇다면 하랄의 부서는 어떤 옵션을 추구해야 할까? 경쟁업체는 하랄이 선택한 조처에 어떻게 대응할까? 그러나 이런 질문은 과거 마케팅 및 영업 책임자였던 시절에는 하랄이 책임질 문제가 아니었다. 결국 그는 고위 경영 팀과 함께 다양한 행동방침을 분석한 뒤 시장 점유율 하락을 늦추기 위해 당장의 이익을 포기하고 가격을 낮추기로 했다.

전략적 사고는 타고나는 것일까, 아니면 만들어지는 것일까?

FOR NEW MANAGERS

둘 다 맞는 말이다. 다른 기술과 마찬가지로 전략적 사고도 훈련을 통해 향상될 수 있다는 점에는 의심의 여지가 없다. 하지만 다양한 레벨의 분석으로 전환하고, 패턴을 인식하고, 정신적 모델을 구축하는 능력에는 타고난 성향도 필요하다.

리더십 개발의 역설 중 하나는 사람들이 주로 기본적인 기술을 잘 소화해 고위 부서장으로 승진하는데, 전략적 재능을 갖춘 직원은 세부적인 부분에 덜 집중하기 때문에 하위 직급에서 어려움을 겪을 수 있다는 점이다. 기업이 초기 경력 단계에서 전략적으로 사고하는 사람들을 식별하고 일정 수준 보호하는 정책을 채택하지 않으면 적자생존의 법칙에 따라 이들은 너무 빨리 승진에서 밀려날 수 있다.

벽돌공에서 건축가로

고위 경영진이 무작정 조직 설계 분야에 뛰어들어 실수를 저지르는 경우는 흔하다. 이들은 이름을 알리려는 욕심에 자신의 조치가 조직 전반에 미칠 영향을 제대로 이해하지 못한 채 전략이나 시스템처럼 상대적으로 바꾸기 쉬워 보이는 조직의 요소를 목표로 삼는다.

예를 들어, 새로운 역할을 맡은 지 4개월이 지났을 때 하랄은 제품 라인보다 고객에 더 집중하도록 사업을 재구성해야 한다고 결론 내렸다. 과거 영업 및 마케팅 책임자였던 그가 이런 생각을 하는 것은 당연했다. 그가 보기에 사업은 제품 개발과 운영에 지나치게 치우쳐 있었는데, 그 구조가 회사가 설립되고 성장해온 방식에서 비롯된 낡은 유산이었기 때문이다. 그래서 그는 자신의 구조조정 제안이 처음에는 팀원들의 망연자실한 침묵에, 결국에는 격렬한 반대에 부딪혔을 때 깜짝 놀랐다.

좀 더 살펴보자, 하랄이 바꿔야 한다고 생각했던 기존의 구조가 이 부서가 성공한 핵심이자 인재 기반과 복잡하게 관련되어 있었다는 사실이 드러났다. 예를 들어, 회사의 화학 제품을 판매하려면 영업사원이 제품에 대한 깊은 지식과 더불어 응용 제품에 대해 고객과 상담할 수 있는 능력을 갖춰야 했다. 고객 중심 접근 방식으로 전환하면 영업사원들은 더 광범위하고 복잡한 제품을 판매하고 엄청난 양의 새로운 전문 지식을 습득해야 했다. 따라서 고객 중심 구조로 전환하면 잠재적 이점이 있는 반면, 이를 평가하기 위해 특정한 절충안이 필요했다. 예를 들어, 절차를 대폭 조정하고 직원 재교육에 상당한 투자를 해야 했다. 이런 변화에는 많은 생각과 분석도 중요했다.

리더가 사업 전체를 총괄하는 자리로 올라갈수록 조직의 전략과 구조, 절차와 기술 기반 등 조직의 구조를 설계하고 변경하는 책임을 맡는다. 유능한 조직 건축가가 되려면 시스템 측면에서 사고해야 한다. 조직의 핵심 요소가 서로 어떻게 맞물려 있는지 이해해야 하며, 다른 모든 요소에 미치는 영향을 고려하지 않고 한 가지 요소만 변경할 수 있다고 순진하게 믿어서는 안 된다.

하랄은 팀장으로 일하던 시절에는 어떤 면에서도 조직을 시스템으로 바라볼 기회가 없었고, 그로 인해 이런 사실을 어렵게 배웠다. 대규모 조직 변화에 대한 경험이 충분하지 않았기 때문에 관찰을 통해 통찰력을 개발할 수도 없었다. 이런 상황에서 하랄의 판단은 적절했다. 그는 기업 리더라면 조직 설계와 사업 절차 개선, 전환 관리의 메커니즘을 비롯한 조직 변화와 변화 관리의 원칙을 알아야 한다고 판단했다. 그러나 이런 분야에 대한 공식적인 교육을 받은 신임 경영진은 거의 없고, 대부분은 조직의 구조를 만들거나 조직 개발 전문가 업무 교육을 받을 준비조차 되어 있지 않다. 이런 점에서도 하랄은 운이 좋았다. 미처 염두에 두지 못했던 수많은 상호의존성에 대해 현명한 조언을 해줄 경험이 풍부한 직원을 만났고, 그는 직원의 말을 들을 분별력이 있었기 때문이다.

물론 모든 신임 리더가 하랄처럼 운이 좋지는 않다. 하지만 회사에서 조직의 변화에 대해 가르치는 임원 교육 프로그램에 신임 리더들을 보내는 데 투자한다면, 이들은 변화에 더 잘 대응할 것이다.

영업 임원을 어떻게 평가해야 할까?

기업 리더는 모든 기능 부문 담당 임원의 업무를 평가해야 한다. 특정 기능 부문에 대해 추적해야 할 가장 중요한 지표, 그리고 문제가 발생하고 있음을 나타내는 지표를 체계적으로 나열한 간단한 템플릿을 사용하면 신임 리더가 빠르게 업무를 파악하는 데 도움이 될 것이다. 다음은 영업 부문 임원을 평가하는 데 필요한 템플릿의 예다.

핵심 성과 지표

- 자사 주요 제품의 판매량과 경쟁사 주요 제품의 판매량 비교
- 주요 제품의 시장 점유 성장률 현황
- 사업계획과 비교한 실행 현황

인재 관리 지표

- 지방 또는 지역별 구인율
- 사내 승진 비율 및 사내 승계 파이프라인의 강도
- 유감스러운 직원 손실 건수 및 그 이유
- 채용 및 선발 성공률

고객 지표

- 고객 만족도 및 유지율
- 구매 패턴 이해의 증거
- 영업사원과 고객 간 평균 소통량

경고 신호

- 영업 인력의 유감스러운 손실
- 매출 평준화 또는 감소
- 미래의 영업 리더를 위한 내부 개발 부족
- 부실한 성과의 내부 프로모션

- 제품의 장·단점 전달 미흡
- 조직의 강점과 약점에 대한 평가 부실
- 현장에 할애한 시간이나 고객과의 상호작용 부족
- 마케팅 및 기타 주요 기능 부문과의 파트너십 기술 부족

문제 해결자에서 의제 설정자로

많은 리더가 문제 해결 능력을 강점으로 내세우며 고위직으로 승진한다. 하지만 기업 리더가 되면 문제 해결보다 조직에서 다뤄야 할 문제를 정의하는 데 더 집중해야 한다.

이를 위해 하랄은 그의 사업에서 직면한 전체 범위의 기회와 위협을 파악하고 가장 중요한 문제에만 팀의 관심을 집중시켰다. 다양성처럼 한 가지 기능에 명확히 속하지는 않지만 사업에서 여전히 중요한 '미지의 영역' 문제도 파악해야 했다.

고려할 사항이 넘쳐나 머리가 아찔할 정도였다. 영업 및 마케팅 부서를 운영할 때는 사업부를 총괄하는 책임자가 하루, 한 주, 한 달 동안 마주하는 모든 쟁점의 우선순위를 정하기가 얼마나 어려웠을지 막연히 짐작하는 정도였다. 하지만 막상 자신이 책임자가 되니 몇몇 문제의 규모와 복잡성이 예상을 뛰어넘었다. 시간을 어떻게 배분해야 할지 몰라 과부하에 걸렸다. 더 많

은 업무를 위임해야 한다는 사실을 알았지만, 어떤 작업과 과제를 안전하게 맡길 수 있을지 확신이 서지 않았다.

하랄은 영업 및 마케팅 도구와 기법을 정복하고 조직하는 노하우를 익힌 데다 인재를 동원하고 팀워크를 촉진하는 능력까지 있었지만, 기능 부문 리더로서 갈고닦은 기술만으로는 충분하지 않았다. 팀이 집중해야 할 문제, 즉 의제를 설정하기 위해 그는 예전보다 훨씬 더 불확실하고 모호한 환경을 탐색하는 방법을 배워야 했다. 조직에서 대응할 수 있는 방식으로 우선순위를 전달하는 방법도 배워야 했다.

영업 및 마케팅 경력을 감안할 때 하랄은 자신의 의제를 전달하는 데 큰 어려움이 없었다. 문제는 그 의제가 무엇인지 파악하는 것이었다. 어느 정도는 경험을 통해 배워야 했다. 그는 이번에도 팀원들의 도움을 받았다. 팀원들은 그가 검토해야 할 주제에 대한 지침을 알려주었다. 부서의 주요 목표를 정의하는 구조를 제공한 회사의 연간 계획 절차도 활용할 수 있었다.

전사에서 외교관으로

기존 역할에서 하랄은 주로 경쟁에서 승리하기 위해 병력을 모으는 데 집중했다. 그러나 이제는 규제 당국과 언론, 투자자,

NGO 등 다양한 외부 이해관계자에게 영향을 미치는 데 꽤 많은 시간을 할애했다. 그의 업무를 지원하는 직원들의 요청도 쇄도했다. 정부 부처에서 후원하는 업계 또는 정부 포럼에 참여할 수 있는가? 주요 사업 간행물 편집자와의 인터뷰에 응할 의향이 있는가? 주요 기관 투자자 그룹을 만날 수 있는가? 그중에는 그가 잘 알고 있는 그룹도 있지만 전혀 모르는 그룹도 있었다. 그에게 무엇보다 새로운 일은 다양한 이해관계자들과 교류할 뿐 아니라 회사의 이해관계를 위해 이들의 관심사를 적극적으로 해결해야 한다는 책임감이 생겼다는 점이었다. 그 이전까지는 기업의 외교관으로서 일할 필요가 없었고, 따라서 그에 대한 준비도 거의 되어 있지 않았다.

그렇다면 유능한 기업 외교관들은 어떤 일을 할까? 이들은 협상, 설득, 갈등 관리, 동맹 구축과 같은 외교적 도구를 사용해 전략적 목표를 지원하기 위해 외부 사업 환경을 조성한다. 이 과정에서 치열하게 경쟁하는 사람들과 협업하는 경우도 많다.

외교관 역할을 잘 수행하기 위해 기업 리더는 이해관계가 일치할 수 있거나 일치하는 방법을 찾고, 다양한 조직에서 의사결정이 어떻게 이루어지는지 이해하며, 다른 사람들에게 영향을 미칠 효과적인 전략을 개발하는 등 새로운 사고방식을 받아들여야 한다. 정부 관계 및 기업 의사소통과 같은 주요 지원 부서의 전문가처럼 예전에 관리해본 적 없는 직원을 채용하고 관리하는 방법도 이해해야 한다. 이런 직원들의 계획은 분기별 또는 연간 실적에 초점을 맞춘 현재 진행 중인 사업보다 긴 안목이 필요하다는 점 또한 인식해야 한다. 정부 규제의 발전을 위한 캠페인과 같은 계획을 펼치는 데 몇 년이 걸릴 수도 있다.

하랄은 이런 점을 이해하는 데 시간이 좀 걸렸다. 하지만 직원들은 하랄에게 그들이 오랜 기간 힘들게 문제를 관리해왔으며, 누군가 한눈을 팔면 그 결과 때문에 주기적으로 한탄하게 된다는 사실을 일깨워주었다.

조연에서 주연으로

사업을 총괄하는 리더가 된다는 것은 밝은 조명 아래에서 무대 중앙으로 이동한다는 뜻이다. 사람들의 관심이 집중되고 항상 경계심을 늦추지 말아야 하는 상황이 닥치자 하랄은 놀랐다. 사람들이 자기 말과 행동에 얼마나 많은 관심을 기울이는지 깨닫고 다소 충격을 받기도 했다. 그는 부임한 지 얼마 지나지 않아 연구 개발 분야 부사장과 만나 기존 제품을 포장하는 새로운 방법과 관련해서 이야기를 나눴다. 그런데 2주 후, 해당 아이디어에 대한 기초 타당성 보고서가 올라왔다.

이런 변화에서는 부분적으로 롤모델로서 훨씬 큰 영향력이 생긴다는 점이 중요하다. 모든 리더는 누군가의 롤모델이다. 그러나 기업에서는 모든 사람이 비전과 영감, '올바른' 행동과 태도에 대한 단서를 얻기 위해 주시하기 때문에 리더들의 영향력이 더욱 커진다. 좋든 나쁘든, 고위급 리더의 개인적 스타일과 특성은 직원들이 직접 관찰하든 보고를 통해 간접적으로 전달되든 아래 직급이나 조직 전체에 전염되게 마련이다. 이런 영향을 피할 수는 없지만, 기업 리더는 자기인식을 높이고 부하직원의 관점에 공감하는 데 시간을 할애함으로써 의도치 않은 영향을 줄일 수 있다. 결국, 새로 취임한 리더도 얼마 전까지 자기 상사의 행동을 토대로 추론하던 부하직원이었다.

그렇다면 실질적으로 많은 사람을 이끈다는 것은 무엇을 의미할까? 즉, 호소력 있는 비전을 정의하고 영감을 주는 방식으로 이를 공유하려면 어떻게 해야 할까? 이미 제품과 더불어 아이디어 셀링에 익숙하며, 의사소통 능력도 뛰어난 하랄 역시도 (다른 사람보다는 덜하지만) 이 부분에 대한 생각을 조정할 필요가 있었다. 이전 업무에서는 대부분 직원과 개인적으로 산발적이긴 하지만 가끔 상당한 접촉을 유지해왔다. 그러나 전 세계에 흩어져 있는 3,000명 이상의 직원을 감독해야 하는 상황에서는 이런 접촉이 불가능했다.

팀원들과 함께 연간 전략을 수립하면서 그 의미가 분명해졌다. 전략을 조직에 알릴 때가 되자 그는 자신이 직원들과 직접 마주하고 알릴 수 없다는 사실을 깨달았다. 직속 부하직원들과 더 많이 협업하고 동영상과 같은 다른 채널로 이야기를 전해야 했다. 부서의 시설들을 둘러본 뒤 하랄은 일선에서 무슨 일이 일어나고 있는지 제대로 파악할 수 없을지도 모른다는 생각이 들었다. 그래서 현장 방문 시 리더들만 만나는 대신 직원들과 소규모 그룹으로 도시락을 먹으며 이야기를 나누고, 직원들이 회사에 의견을 제시할 수 있는 온라인 토론 그룹에도 참여했다.

* * *

7가지 전환에는 좌뇌의 분석적 사고에서 우뇌의 개념적 사고 방식으로 전환하는 것이 포함된다. 그렇다고 기업 리더들이 전술이나 기능 부문의 문제에 시간을 전혀 쓰지 말아야 한다는 의미는 아니다. 다만 과거에 비해 이런 책임에 할애할 시간이 훨씬 줄어들었을 뿐이다. 기업 리더가 수석 보좌관, 최고 운영 책임자, 프로젝트 담당자 등을 활용하면 새로운 역할을 하는 데 필요한 시간을 확보하는 데 큰 도움이 된다.

하랄의 전환은 잘 마무리되었다. 그는 운이 좋아 리더십 개발을 지향하는 회사에서 일했고, 그에게 효과적인 조언을 해줄 수 있는 숙련된 팀이 있었다. 우여곡절을 겪었지만 사업은 계속 번창했고, 하랄은 결국 기업 리더로서 입지를 구축했다.

3년 뒤, 온갖 경험으로 무장한 그는 어려움을 겪던 회사의 훨씬 더 큰 부서를 맡아 혁신을 성공적으로 이끌어달라는 요청을 받았다. 그는 당시를 회상하며 이렇게 말했다.

"지금 자리에 오르게 해준 기술이 앞으로 나아가야 할 곳에 꼭 필요하지 않을 수도 있어요. 과거에 이룬 성취가 쓸모없다는 말은 아니에요. 하지만 다음 여정으로 나아갈 때 기존에 익힌 기술만으로는 충분하지 않을 수 있다는 점을 기억해야 합니다."

마이클 왓킨스는 제네시스 어드바이저스 공동 설립자이자 회장이며, 스위스 국제경영개발원IMD의 리더십·조직 변화 분야 교수다. 세계 최고 협상 전문가 중 하나다. 2019년 '싱커스 50Thinkers 50'에 선정되었다. 《협상 리더십Shaping the Game》(흐름출판, 2007), 《90일 안에 장악하라The First 90 Days》(동녘사이언스, 2014) 등을 집필했다.

팀장에서 기업 리더가 되는 법

한 부서를 운영하던 팀장이 처음으로 기업 전체를 운영하는 리더로 전환하는 것만큼 어려운 일도 드물 것이다.

이 전환기에는 업무 범위와 복잡성이 급격히 늘어나기 때문에 새로 부임한 리더가 압박감과 불안정함에 사로잡힐 수 있다. 요구된 직무를 능숙하게 해결하는 능력, 조직적인 노하우, 팀을 구성하고 동기를 부여하는 능력 등 이전까지의 직책에서 갈고 닦은 기술만으로는 부족하다.

어제까지 팀장이었던 리더는 이제 모든 부서를 이해하는 제너럴리스트로 변신해야 한다. 훨씬 더 다양한 사람을 고용하고 평가하고 판단하며 중재하는 법을 배워야 한다. 또한 지금까지 맞닥뜨렸던 것과는 완전히 새로운 범위의 질문에도 직면해야 한다. 우리 회사의 현안에서 가장 중요한 쟁점은 무엇인가? 회사의 전반적인 사업에서 기회는 무엇이고 위협은 무엇인가? 어떻게 하면 조직 전체의 성공을 보장할 수 있을까?

이 중요한 전환점에서 과거 팀장이었던 기업 리더는 새로운 기술과 개념적 틀을 개발해야 하는 까다로운 일련의 리더십 변화, 즉 7가지 지각변동을 겪는다. 그 지각변동이란 다음과 같다.

- 스페셜리스트에서 제너럴리스트로
- 분석가에서 통합자로
- 전술가에서 전략가로
- 벽돌공에서 건축가로
- 문제 해결자에서 의제 설정자로
- 전사에서 외교관으로
- 조연에서 주연으로

이 전환기를 제대로 지나갈 수 있다면, 기능적 업무를 담당하던 팀장에서 기업 리더로서의 전환을 성공적으로 완수해낼 수 있을 것이다.

◆ 팀장이 빠지기 쉬운 함정에 주의하라. Becoming the Boss. 린다 힐.
〈하버드 비즈니스 리뷰〉 2007년 1월 호.

◆ 인계받은 팀을 최적의 상태로 재구성하라. Leading the Team You
Inherit. 마이클 왓킨스. 〈하버드 비즈니스 리뷰〉 2016년 6월 호.

◆ 위기에 빠진 팀장을 구하라. Saving Your Rookie Managers from
Themselves. 캐럴 워커. 〈하버드 비즈니스 리뷰〉 2002년 4월 호.

◆ 강도 높은 업무 환경을 건강하게 관리하는 법. Managing the High-
Intensity Workplace. 에린 리드, 락슈미 라마라잔. 〈하버드 비즈니스
리뷰〉 2016년 6월 호.

◆ 무엇이 진정한 리더를 만드는가. What Makes a Leader?. 대니얼 골먼.
〈하버드 비즈니스 리뷰〉 1996년 6월 호.

◆ 리더의 진정성에는 시행착오가 필요하다. The Authenticity Paradox.
허미니아 아이바라. 〈하버드 비즈니스 리뷰〉 2015년 1~2월 호.

◆ 상사를 관리해서 내 편으로 만들어라. Managing Your Boss. 존 가바
로, 존 코터. 〈하버드 비즈니스 리뷰〉 1980년 1월 호.

◆ 의견을 관철하고 상사의 동의를 얻는 법. Get the Boss to Buy In. 수
전 애슈퍼드, 제임스 디터트. 〈하버드 비즈니스 리뷰〉 2015년 1~2월 호.

◆ 리더는 어떻게 네트워크를 형성하고 활용하는가. How Leaders Create and Use Networks. 허미니아 아이바라, 마크 헌터. 〈하버드 비즈니스 리뷰〉 2007년 1월 호.

◆ 부하직원의 업무를 떠맡아 시간을 낭비하지 마라. Management Time: Who's Got the Monkey?. 윌리엄 온켄 주니어, 도널드 바스. 〈하버드 비즈니스 리뷰〉 1999년 11월 호. 〈하버드 비즈니스 리뷰〉 1974년 11~12월호에 실린 글을 재출간. 스티븐 코비 논평.

◆ 팀장은 어떻게 조직을 이끄는 리더가 되는가. How Managers Become Leaders. 마이클 왓킨스. 〈하버드 비즈니스 리뷰〉 2012년 6월 호.

옮긴이 **신예용**

숙명여자대학교에서 영문학을 전공하고 동대학원에서 문학을 공부했으며, 방송사에서 구성
작가로 일했다. 현재 번역에이전시 엔터스코리아에서 번역가로 활동하고 있다. 옮긴 책으로는
《데일 카네기 성공대화론》, 《겸손의 힘》, 《이기는 게임을 하라》, 《공짜 치즈는 쥐덫에만 있다》,
《더 적게 일하고 더 많이 누리기》, 《탤런트》, 《나우이스트》, 《잃어가는 것들에 대하여》 등 다수
가 있다.

성장의 모멘텀 시리즈 2
성장을 이끄는 팀장들

초판 1쇄 인쇄 2024년 6월 10일
초판 1쇄 발행 2024년 6월 15일

지은이 대니얼 골먼, 린다 힐 외 | **옮긴이** 신예용
펴낸이 오세인 | **펴낸곳** 세종서적(주)

주간 정소연 | **편집** 이현미, 김윤아
표지 디자인 석윤이 | **본문 디자인** 김미령
마케팅 유인철 | **경영지원** 홍성우
인쇄 탑 프린팅 | **종이** 화인페이퍼

출판등록 1992년 3월 4일 제4-172호
주소 서울시 광진구 천호대로132길 15, 세종 SMS 빌딩 3층
전화 (02)775-7011
팩스 (02)776-4013
홈페이지 www.sejongbooks.co.kr
네이버 포스트 post.naver.com/sejongbooks
페이스북 www.facebook.com/sejongbooks
원고모집 sejong.edit@gmail.com

ISBN 978-89-8407-350-0   (04320)
      978-89-8407-340-1   (세트)

• 잘못 만들어진 책은 바꾸어드립니다.
• 값은 뒤표지에 있습니다.